Activity Book

Façon de Parler
Parler
FRENCH FOR BEGINNERS Sixth Edition

1

Activity Book

Angela Aries & Dominique Debney

Façon de Parler

1

FRENCH FOR BEGINNERS Sixth Edition

JOHN
MURRAY
LEARNING

Sixth edition first published in Great Britain in 2019 by John Murray Learning, an imprint of Hodder & Stoughton. An Hachette UK company.

ISBN **9781529374216**

Impression number 10 9 8 7 6 5 4 3 2 1

British Library Cataloguing in Publication Data: a catalogue record for this title is available from the British Library.
The publisher has used its best endeavours to ensure that any website addresses referred to in this book are correct and active at the time of going to press. However, the publisher and the author have no responsibility for the websites and can make no guarantee that a site will remain live or that the content will remain relevant, decent or appropriate. The publisher has made every effort to mark as such all words which it believes to be trademarks. The publisher should also like to make it clear that the presence of a word in the book, whether marked or unmarked, in no way affects its legal status as a trademark. Every reasonable effort has been made by the publisher to trace the copyright holders of material in this book. Any errors or omissions should be notified in writing to the publisher, who will endeavour to rectify the situation for any reprints and future editions.

Cover image © Shutterstock.com
Illustrations © Chris Long, Gillian Martin and Barking Dog Art 2019

Typeset by Integra Software Services Pvt. Ltd., Pondicherry, India
Printed and bound by CPI Group (UK) Ltd, Croydon, CR0 4YY.

John Murray Learning policy is to use papers that are natural, renewable and recyclable products and made from wood grown in sustainable forests. The logging and manufacturing processes are expected to conform to the environmental regulations of the country of origin.

Carmelite House
50 Victoria Embankment
London EC4Y 0DZ
www.hodder.co.uk
consumer.learning@hodder.co.uk

Contents

Acknowledgements   vi

Introduction   vii

Première unité   1

Deuxième unité   8

Troisième unité   13

Quatrième unité   20

Cinquième unité   27

Sixième unité   32

Septième unité   36

Huitième unité   42

Neuvième unité   48

Dixième unité   55

Onzième unité   60

Douzième unité   66

Treizième unité   72

Quatorzième unité   78

Quinzième unité   83

Seizième unité   88

Dix-septième unité   93

Dix-huitième unité   99

Dix-neuvième unité   105

Vingtième unité   110

Vingt et unième unité   115

Key to exercises   121

Acknowledgements

The authors and publishers would like to thank the following for permission to reproduce photographs in this book:

Page 107 (top centre) Shutterstock/Kritsana Laroque, (top right and bottom left) EMfoto, (bottom right) Shutterstock/bellina; page 110 Toulouse-Lautrec, 'La Toilette': Heritage Image Partnership Ltd/Alamy Stock Photo; page 116 Van Gogh, 'Self-Portrait in front of the Easel': photosublime/Alamy Stock Photo; Gauguin, 'Tahitian Women (On the Beach)': Peter Horree/Alamy Stock Photo; page 116 Toulouse-Lautrec, 'Jane Avril Dancing': Archivart/Alamy Stock Photo. All other photos by Roy Debney.

Angela and Dominique would also like to thank Catherine, Charlotte and Mélisande for their help and advice.

Introduction

This Activity Book has been designed to complement and enhance *Façon de Parler 1* coursebook. It closely reflects the topics covered in the corresponding units of the coursebook, although it can also be used independently.

In addition to the comprehensive activities for each unit, you will find the following supporting features:

Objectifs

These tell you in English what topics and grammatical points are going to be revised and practised in the unit.

Pense-bête!

This is a reminder of basic grammar rules to help you tackle an exercise and/or advises you to revise a particular point before beginning the activity.

EXTENSION

This generally presents extra vocabulary, sometimes grammar, which goes beyond the material contained in the coursebook. It is normally followed by an activity which often requires the use of a dictionary, for those students who want an extra challenge.

Coin info

This is an eclectic mix of information, either in English or French, about France, French and francophone culture or the French language.

Foire Aux Questions/FAQ

(literally 'Question Fair')
This features a series of questions to answer and to ask: ***Questions perso*** (Personal questions), ***Questions de vocabulaire*** (Vocabulary questions), ***Questions de connaissances générales*** (General knowledge questions) and ***À vous de poser les questions*** (Your turn to ask the questions). It covers all aspects of the work in the unit and therefore provides a very good general revision at the end. The questions can be used for oral as well as written practice.

Bilan

Finally, each unit ends with a summary in French, reminding students of the vocabulary and grammar points which have been covered. It always starts with: ***Maintenant vous pouvez*** (*Now you can …*). If this is not the case, some revision/extra work is required!

The **Key** at the end of the book provides answers to all the activities, with the exception of personal questions.

1
Première unité

Introducing yourself. Name and place of origin. Nationality. Saying where you were born. Present tense of **être.** Feminine and plural forms.

---

1 Complétez avec le vocabulaire ci-dessous. *Complete with the vocabulary below.*

> suis • bienvenue • Limoges
> m'appelle • messieurs

Mesdames, mesdemoiselles, 1 _____, bonjour et 2 _____ à 3 _____. Je 4 _____ le guide de TOUREXTRA. Je 5 _____ Antoine Lebon.

2 Mettez le dialogue dans le bon ordre. *Put the dialogue in the right order. The first one is correct.*

1 – Bonjour madame, comment vous appelez-vous?
2 – Et moi, je m'appelle Henri.
3 – Je m'appelle Patricia.
4 – Je m'appelle Martin.
5 – Et vous messieurs?

Coin info

In France, the titles **monsieur, madame, mademoiselle** and **messieurs-dames** are used to say hello and goodbye, without the surname. The equivalent of **Good morning Mr Martin** is simply **Bonjour monsieur.**

At work, for example, and even with neighbours, people are more likely to address someone as **Mademoiselle Champier** or **Monsieur Clémenceau** than as **Carole** or **Bernard.** Note that nowadays the use of **Mademoiselle** is gradually decreasing. A 2012 law banned its use in all official forms.

3 Les gens se disent bonjour et au revoir. Reliez les phrases et les personnes. *People are saying hello and goodbye. Link the sentences and the people.*

1 Au revoir mesdames.
2 Au revoir monsieur.
3 Bonjour madame.
4 Au revoir messieurs-dames
5 Bonjour messieurs.

4 Reliez l'adjectif à la région. *Link the adjectives to the regions.*

EXEMPLE: corse → la Corse

1 provençal   a l'Alsace
2 martiniquais   b la Champagne
3 vendéen   c la Normandie

4	breton	d	la Bourgogne
5	bourguignon	e	la Martinique
6	normand	f	la Bretagne
7	alsacien	g	la Provence
8	champenois	h	la Vendée

5 Reliez le pays à la nationalité. *Link the countries to the nationalities.*

1	la France	a	américain
2	l'Italie	b	belge
3	l'Espagne	c	tchèque
4	l'Angleterre	d	suisse
5	l'Allemagne	e	français
6	la Belgique	f	italien
7	la Russie	g	marocain
8	la Suisse	h	allemand
9	la Chine	i	canadien
10	le Canada	j	écossais
11	l'Inde	k	chinois
12	l'Écosse	l	indien
13	les États-Unis	m	anglais
14	la République Tchèque	n	espagnol
15	le Maroc	o	russe

6 Complétez les catégories. *Complete the categories.*

7 Répondez vrai ou faux et corrigez les erreurs. *Answer true or false and correct the mistakes, making sure the adjectives agree with the nouns.*

1 La moussaka est grecque.
2 La pizza et les raviolis sont japonais.
3 La paella et les tapas sont russes.
4 La vodka et le bortch sont américains.
5 Le sushi est autrichien.
6 La goulache est hongroise.
7 Le curry est espagnol.
8 La tarte tatin est allemande.
9 Le couscous est maghrébin.
10 Le Yorkshire pudding est anglais.
11 Les brownies sont indiens.
12 L'apfelstrudel est italien.

> **Pense-bête!**
>
> In French the adjective agrees in gender and number with the noun it describes. The feminine singular form usually adds an **–e** and the plural an **–s** or **–es** in the feminine.

Masculin	Féminin	Pluriel (masculin ou mixte)	Féminin pluriel
1 africain			
2	américaine		
3		australiens	
4			chinoises
5 indien			
6		canadiens	
7	japonaise		
8			polonaises

8 Reliez la liste A à la liste B pour compléter les phrases. *Link list A and list B to complete the sentences.*

EXEMPLE: Je suis de . . . Colmar, en Alsace.

Liste A	Liste B
1 Quelle	a es-tu?
2 Comment	b tous français!
3 Nous sommes	c Rennes, en Bretagne.
4 Je suis de	d belle île!
5 D'où	e vous appelez-vous?

9 Complétez avec le vocabulaire ci-dessous. *Fill in the gaps with the vocabulary below.*

suis • nom • français • bonjour • bienvenue
Nicole et Daniel • et vous • Londres
m'appelle • sommes

– 1 _____ messieurs-dames, comment vous appelez-vous?
– 2 _____ .
– Vous êtes 3 _____ ?
– Oui, nous 4 _____ de Dijon. 5 _____ ?
– Moi je 6 _____ anglais, de 7 _____ .
– Quel est votre 8 _____ ?
– Je 9 _____ Tim.
– 10 _____ à Paris!

10 Complétez avec les formes correctes du verbe *être*. *Fill in the blanks with the correct forms of* être (*to be*).

> **Pense-bête!**
>
> Revise the conjugation of **être** (*to be*) before you start.
>
> Remember that there are several equivalents of *are* in French!

1 Je _____ allemand.
2 Nous _____ corses.
3 Elles _____ de Dijon.
4 Tu _____ de Bastia ou d'Ajaccio?
5 Je _____ née à Strasbourg.
6 Ils _____ américains.
7 Francis _____ belge.
8 Tous les touristes _____ suisses.
9 Alicia _____ espagnole.
10 _____ -tu de Rouen?
11 D'où _____ -vous ?
12 Monica et Gina _____ italiennes.

> **Pense-bête!**
>
> je/j' = *I*
>
> tu = *you* (singular and familiar)
>
> il = *he*
>
> elle = *she*
>
> nous = *we*
>
> vous = *you* (plural or polite)
>
> ils = *they* (masculine/mixed/don't know)
>
> elles = *they* (feminine only)

11 Complétez avec les pronoms personnels. *Add the missing personal pronouns.*

1 _____ suis française.
2 _____ sont australiennes.
3 _____ es suisse ou belge?
4 Est-ce que _____ êtes de Londres?
5 _____ sommes nés en Inde.
6 _____ est français.
7 _____ sont de Casablanca.
8 _____ est née en Afrique.
9 _____ suis d'origine maghrébine.
10 Êtes-_____ anglais?

12 Remplacez les mots surlignés par *il, elle, ils, elles* ou *nous*. *Replace the highlighted words* with he, she, they *or* we *accordingly*.

> ### Pense-bête!
>
> Remember that :
>
> - I + someone else = we (*nous*)
> - Paul = he (*il*), Pauline = she (*elle*)
> - Paul + Pauline = they (*ils*)
> - Pauline + Sonia = they (*elles*)
> - the tourists = they (*ils*)

– Est-ce que tous **1** les clients sont français?
– Non, **2** les Brown sont anglais.
– Ah bon!
– **3** Mademoiselle Evans et Madame Morgan sont galloises.
– **4** Monsieur Washington est américain?
– Oui et **5** Madame Macnamara est écossaise.
– Et vous?
– **6** Frédérique et moi sommes belges.

13 Complétez les phrases pour dire où ces personnes sont nées et donnez leur nationalité. *Complete the sentences to say where these people were born and give their nationalities.*

Nom	Lieu de naissance	
	Villes	**Pays**
Alexander Zverev	Hambourg	Allemagne (f.)
Sadiq Khan	Londres	Angleterre (f.)
Michelle Obama	Chicago	États-Unis (pl.)
Justin Bieber	Stratford, Ontario	Canada (m.)
Hugh Jackman	Sydney	Australie (f.)
Sophie Marceau	Paris	France (f.)
Paulo Coelho	Rio de Janeiro	Brésil (m.)
Dhafer Youssef	Téboulba	Maroc (m.)
Marion Cotillard	Paris	France (f.)
Rafael Nadal	Manacor	Espagne (f.)
Yao Ming	Shanghai	Chine (f.)
Donatella Versace	Reggio di Calabria	Italie (f.)
Bono	Dublin	Irlande (f.)
Cristiano Ronaldo	Funchal	Portugal (m.)

Pense-bête!

Capital letters are not used in French when nationalities are used as adjectives.

EXEMPLE: Sadiq Khan est né à Londres; il est anglais.

1 Rafael Nadal . . .
2 Hugh Jackman . . .
3 Cristiano Ronaldo . . .
4 Donatella Versace . . .

5 Paolo Coelho . . .
6 Sophie Marceau et Marion Cotillard . . .
7 Justin Bieber . . .
8 Michelle Obama . . .

EXTENSION

To express *in* and *to* + a country, use **en** for most countries, except when they are masculine in which case you use **au**, or plural in which case you use **aux**.

Complétez les phrases, puis ajoutez deux ou trois exemples de votre choix. *Complete the sentences, then add two or three examples of your choice.*

EXEMPLE: Sadiq Khan <u>est né en Angleterre</u>.

1 Justin Bieber _____ .
2 Hugh Jackman _____ .
3 Sophie Marceau et Marion Cotillard _____ .
4 Rafael Nadal _____ .
5 Bono _____ .
6 Alexander Zverev _____ .
7 Michelle Obama _____ .
8 Yao Ming _____ .

Pense-bête!

Refer to exercises 5 and 13 to help you with the names and genders of countries.

Coin info

Most first names have a feminine equivalent. These sometimes sound the same as the masculine and are often formed by adding an **-e** and/or doubling a consonant, such as René/Renée or Michel/Michelle. Dominique, Camille and Claude are exactly the same for men and women. Other names can be particularly confusing for English speakers. Jean is the equivalent of John, with the feminine form Jeanne (Jean/Jane).

Nicolas, pronounced 'nicola', is the equivalent of Nicholas, with the feminine form Nicole. Laurence is a feminine name in French, the masculine being Laurent. Combinations with Jean are common, such as Jean-Pierre, Jean-Luc and even Jean-Marie. Many feminine first names are combined with Marie, for example Marie-Claire, Marie-France or Marie-Noëlle.

14 Reliez les questions aux réponses. *Link the questions and the replies.*

1 Qui est-ce?
2 Est-ce qu'elles sont belges?
3 Comment vous appelez-vous?
4 Vous êtes espagnole?
5 D'où êtes-vous?
6 Les Honegger, ils sont allemands?
7 Vous êtes né à Paris?

a Je m'appelle Gina.
b Non, je suis italienne.
c Ah non! Ils sont alsaciens, de Mulhouse.
d Non, à Nantes, en Bretagne.
e Non, elles sont hollandaises.
f C'est Charles et Anne.
g Nous sommes de Cavaillon, en Provence.

15 Mettez le dialogue dans le bon ordre. *Put the dialogue in the right order. The first one is correct.*

1 Bonjour madame.
2 Je m'appelle Florence Duval.
3 D'où êtes-vous?
4 Et Monsieur Duval?
5 Non, je suis suisse.
6 Il est de Genève.
7 Bonjour monsieur.
8 Vous êtes française?
9 Je suis de Lausanne.
10 Comment vous appelez-vous ?

16 Lisez le texte ci-dessous et répondez aux questions. *Read the text below and answer the questions.*

"Je m'appelle Fouzia. Bonjour et bienvenue à Chinon, ville liée de très près à l'histoire de France, et tout particulièrement à Jeanne d'Arc, notre héroïne nationale. Je suis la guide de Tourloire. Je suis française et je suis de Saumur mais je suis née à Casablanca au Maroc."

1 Qui est-ce?
2 C'est la guide de Tourloire?
3 Est-ce qu'elle est française?
4 Elle est de Chinon?
5 Elle est née à Saumur?

17 Trouvez les équivalents anglais et français. *Match the French and English expressions.*

1 Bienvenue.
2 Je suis de Dijon.
3 Qui est-ce?
4 Bien sûr.
5 C'est vrai.
6 Je ne sais pas.
7 D'où êtes-vous?
8 Nous sommes de Dijon.
9 Quel est votre nom?
10 Et vous monsieur?
11 C'est près de Dijon.
12 Je suis née à Dijon.

a We are from Dijon.
b I don't know.
c It's near Dijon.
d Where are you from?
e Welcome.
f What is your name?
g I was born in Dijon.
h What about you, sir?
i Who is it?
j I am from Dijon.
k Of course.
l It's true.

Coin info

France was until the second half of the twentieth century a colonial power with political and cultural influence over many regions of the world. The term **Francophonie** is used to identify the countries and territories where French is the main language or – one of – the official language(s). In 2018, **l'Organisation Internationale de la Francophonie** recognised 54 member states. The French colonies in Africa gained their independence in the fifties and sixties.

The region known as **le Maghreb** (Algeria, Morocco, Tunisia and Mauritania) had deep cultural ties with **la Métropole** (*continental France*). **Les maghrébins** provided France with a large portion of its immigrant workforce during the reconstruction period after WWII. In the 1980s a new word appeared to describe the French-born children of North African immigrants: **les beurs**.

18 Complétez les nationalités. *Complete the nationalities.*

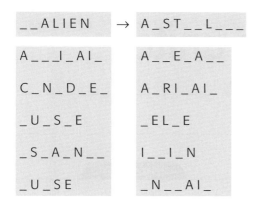

```
_ _ A L I E N   →   A _ S T _ _ L _ _ _

A _ _ _ I _ A I _     A _ _ E _ A _ _

C _ N _ D _ E _       A _ R I _ A I _

_ U _ S _ E           _ E L _ E

_ S _ A _ N _ _        I _ _ I _ N

_ U _ S E             _ N _ _ A I _
```

FOIRE AUX QUESTIONS

Questions perso. *Personal questions.*

1 Comment vous-appelez-vous?
2 D'où êtes-vous?
3 Vous êtes anglais(e)?
4 Où êtes-vous né(e)?

À vous de poser les questions. *Your turn to ask the questions.*

– 5 _____ ?
– Je m'appelle Laura Blanc.
– 6 _____ ?
– Je suis de Paris, et toi?
– 7 _____ ?
– Non, je ne suis pas français, je suis belge.
– 8 _____ ?
– C'est le guide.

– 9 _____ ?
– Mon nom est Martin.
– 10 _____ ?
– Nous sommes de Dijon.

Questions de connaissances générales. *General knowledge questions.*

11 Quelle est la nationalité de Sophie Marceau?
12 Où est né Napoléon?
13 Comment s'appellent les habitants de l'Écosse?
14 Grasse est dans quelle région de France?
15 Citez une ou deux îles françaises.
16 Citez une ville normande.

BILAN

Maintenant vous pouvez dire *bonjour* et *au revoir*, vous présenter et poser des questions – nom, origine et nationalité.

2
Deuxième unité

Talking about marital status, job and place of work.
Using the negative. Indefinite article **un**, **une**, **des**.

1 Complétez la conversation avec le vocabulaire ci-dessous. *Complete the text with the vocabulary below.*

célibataires • mariée • pacsés • petite amie
partenaire • marié • petit ami

Sophie: Vous êtes marié, Gérard?

Gérard: Oui, je suis **1** _____ , et vous Sophie?

Sophie: Non, je ne suis pas **2** _____, mais j'ai un **3**_____.

Pierre et Jacques: Nous aussi nous sommes **4** _____ , mais nous n'avons pas de **5** _____ .

Bruno: Moi j'ai une **6** _____ qui s'appelle Hélène. Et vous, Gérard et Julien?

Gérard et Julien: Nous, nous sommes **7** _____ .

Coin info

Le Pacte Civil de Solidarité, commonly called **le Pacs** (pronounced 'pax'), is a civil partnership for those who wish to have their relationship legally defined and recognised. Like **se marier** and **être marié(e)** (*to get married* and *to be married*), people can **se pacser** and **être pacsé**.

Le mariage pour tous (*marriage for all*) was legalised in 2013 and recognises same-sex union.

2 Trouvez les métiers. Que disent ces personnes? *Find the jobs. What are these people saying? Start with:* Je suis . . .

Pense-bête!

When mentioning your occupation in French, do not use the article **un** or **une**. This is one of the rare occasions when a noun is used without an article in French.

Je suis dentiste. *I am **a** dentist.*

Elle est architecte. *She is **an** architect.*

3 Reliez le métier au lieu de travail. *Link the occupation to the workplace.*

1	ouvrier/-ière	a	hôpital
2	dentiste	b	collège
3	vendeur/-euse	c	pharmacie
4	infirmier/-ière	d	usine
5	peintre	e	bureau
6	enquêteur/-trice	f	cabinet dentaire
7	professeur	g	restaurant
8	jardinier/-ière	h	studio
9	réceptionniste	i	magasin
10	cuisinier/-ière	j	hôtel
11	secrétaire	k	jardin
12	pharmacien(ne)	l	en plein air

4 Ajoutez *un* ou *une. Add* un *or* une.

> **Pense-bête!**
>
> Remember that every noun in French is either masculine or feminine. Always learn a new noun preceded by **un** or **une** (*a/an/one*) accordingly.

EXEMPLE: ferme – une ferme

1 bureau, 2 clinique, 3 banque, 4 studio, 5 usine, 6 hôpital, 7 restaurant, 8 pharmacie, 9 collège, 10 hôtel, 11 magasin, 12 jardin.

EXTENSION 1

a Pouvez-vous deviner les métiers et lieux de travail ci-dessous? *Can you guess the meaning of the vocabulary below? Look up any words you don't know.*

métiers *(occupations)*	lieux de travail *(places of work)*
un(e) journaliste	pour un journal/pour la radio/pour la télévision
un(e) réceptionniste	dans un cabinet (médical/dentaire/vétérinaire)
un hôte/une hôtesse d'accueil	dans la rue
un(e) vétérinaire (véto *for short*)	dans une ferme
un(e) chauffeur de taxi	dans un jardin
un serveur/une serveuse	dans un garage
un facteur/une factrice	sur un bateau
un fermier/une fermière	pour une entreprise
un homme/une femme au foyer	dans un centre de conférences
un informaticien/une informaticienne	à la maison
un homme/une femme d'affaires	dans une station de ski/à la montagne
un chirurgien/une chirurgienne	dans un salon de coiffure/beauté
un moniteur/une monitrice de ski/d'auto école	dans un hôpital
un steward/une hôtesse de l'air	dans un avion/dans un aéroport
un(e) graphiste	dans un studio de design

b Faites des phrases avec les mots de votre choix. *Make sentences with words of your choice.*

EXEMPLE: Une chirurgienne travaille dans un hôpital.

Coin info

Many occupations have clear masculine and feminine forms: **acteur/actrice; coiffeur/coiffeuse; ouvrier/ouvrière; pharmacien/pharmacienne**.

Others are the same for both: **un/une secrétaire; un/une dentiste; un/une architecte; un/une professeur; un/une comptable; un/une peintre; un/une photographe**.

However, with men and women increasingly doing similar jobs or holding similar posts, feminine versions of traditionally masculine words are increasingly common. Here are some examples:

ingénieure and **professeure**

écrivain (*writer*) – **une écrivaine** is now replacing **une femme écrivain**. **Une auteure**, feminine of **un auteur** (*author*), is also used.

médecin (*GP*) – **une médecin** is rare and the masculine is normally used. To specify that the doctor is a woman, it is usual to say **une femme médecin**.

So far, **pompier** (*firefighter*) is only used in the masculine, so that a female **pompier** would be **un pompier** or **une femme sapeur pompier**.

ministre (*minister*) – some women holding this post insist on being called **Madame le Ministre**, while others favour **la Ministre**. A woman minister can be referred to as **le** or **la ministre**. Radio or TV news tends to move with the times and introduce new feminine forms which soon become everyday words.

---

5 Remplacez *tu* par *vous* puis répondez aux questions. *Replace* tu *by* vous *then answer the questions using the information given.*

ROUSSEAU Alain
Français, Paris.
Né à Bruxelles.
Réceptionniste, célibataire.

1 Tu es français?
2 D'où es-tu?
3 Tu es réceptionniste?
4 Tu es né à Paris?
5 Tu es marié?

6 Remplacez *il* par *elle. Replace* il *by* elle.

1 Il est français?
2 Où travaille-t-il?
3 Il travaille dans un magasin?
4 Il est né à Dijon?
5 Il est marié?

7 Remplacez *nous* par *je. Replace* nous *by* je.

1 Nous sommes d'origine bretonne.
2 Nous sommes professeurs dans un collège.
3 Nous ne sommes pas dentistes.
4 Nous sommes nés au Canada.
5 Nous travaillons à temps partiel.

EXTENSION 2

QUIZ – Quel est mon métier?

1 Je travaille dans un hôtel, près de l'entrée. Je dis 'Bonjour' aux clients.
2 J'adore les maths. J'ai une calculette. Je travaille dans un bureau.
3 Je travaille en plein air. Je suis là quand il y a des situations dangereuses – incendies, accidents, etc.
4 Je travaille dans un restaurant, mais je ne suis pas serveur. Je prépare les plats.
5 Je travaille dans un cabinet, mais je ne suis pas médecin. Mes clients sont des animaux.
6 Je travaille dans un studio, comme Picasso ou Braque.
7 Je travaille dans un bureau. Je dessine des bâtiments, des bureaux, des collèges, etc.
8 Je travaille en plein air. J'interviewe les personnes dans la rue.

8 Soulignez ou surlignez les bonnes réponses. *Underline or highlight the right answers.*

1 Annie est de Dijon en Bretagne / Bourgogne. Elle est médecin et elle travaille dans un hôtel / hôpital. Elle est marié / mariée, mais elle est séparé / séparée de son mari. Elle est britannique / bourguignonne.

2 Xavier est cuisinier / cuisinière dans un grand studio / restaurant créole. Il est de Fort-de-France en Corse / à la Martinique. Il n'est pas marié / célibataire mais il a une partenaire. Il est martiniquais / marocain.

3 Jean-Marc et Renaud sont de Strasbourg / Toulouse en Alsace. Ils sont mariés / pacsés. Jean-Marc est chanteur / photographe d'opéra. Renaud est célibataire / journaliste de radio.

9 Trouvez les réponses aux questions pour faire un dialogue. *Find the answers to the questions to make a meaningful dialogue.*

1	Bonjour. Comment vous appelez-vous?	a	Seulement pendant les vacances.
2	Vous travaillez, Amélie?	b	Non, je travaille à Bastia.
3	Vous êtes étudiante?	c	Oui.
4	Vous êtes corse?	d	Je travaille dans un restaurant.
5	Vous travaillez à Ajaccio?	e	Je m'appelle Amélie.
6	Où travaillez-vous?	f	Non, je suis de Paris.

10 Mettez les phrases au négatif. *Put the sentences into the negative.*

Pense-bête!

To make a sentence negative in French, you need two negative words, situated on either side of the verb: **ne** (if the verb starts with a consonant) or **n'** (if it starts with a vowel or an **h**) comes before the verb and **pas** comes after.

1 Je suis comptable.
2 Ils sont pompiers.
3 Je travaille dans un bureau.
4 Il est cuisinier.

5 Elle est coiffeuse.
6 Vous êtes professeur de sciences?
7 Il travaille dans une usine.
8 Nous sommes architectes.

11 Reliez les questions aux réponses. *Link the questions and the replies.*

1	Vous travaillez?	a	C'est Amélie Poulain; elle est actrice.
2	Tu es célibataire?		
3	Où travaillez-vous?	b	Moi je suis coiffeuse.
4	Tu es étudiant?	c	Non, elle n'est pas infirmière, elle est médecin.
5	Vous êtes mariée?		
6	Quel est votre métier?	d	Oui, et toi?
7	Qui est-ce?	e	Non, je suis marié.
8	Tu travailles dans un bureau?	f	Non, je suis divorcée.
9	Elle est infirmière?	g	Je travaille dans une pharmacie.
10	Et vous, mademoiselle?	h	Non, je suis prof de maths. Et toi?
		i	Je suis pompier.
		j	Non, je ne travaille pas, je suis étudiant.

12 Nellie et Rémy se rencontrent pour la première fois. Imaginez la conversation. *Nellie and Rémy meet for the first time. Imagine their conversation.*

Nellie Elle est d'Annecy mais de nationalité suisse (née à Zurich). Son partenaire s'appelle Julien. Elle est réceptionniste dans un hôtel mais elle ne travaille pas à temps plein.

Stefano Il est d'Albertville mais il est né à Milan en Italie. Il est de nationalité italienne. Il a deux métiers, moniteur de ski pendant les vacances et prof d'italien dans un collège. Il est célibataire.

Nellie: Bonjour. Je m'appelle Nellie. Et vous?
Stefano: Moi je m'appelle Stefano.
Nellie: D'où êtes-vous?
Stefano: Je . . .

13 **Lisez le texte et répondez aux questions.**
Read the text and answer the questions.

Bonjour. Je me présente: Mon nom est Jamel. Je suis de Versailles, à l'ouest de Paris, mais je suis d'origine maghrébine. Je suis né à Oran en Algérie. Je travaille dans une grande usine qui fabrique des appareils électriques. Ma partenaire s'appelle Rozenn. Elle est bretonne. Elle est journaliste. Elle travaille en partie à la maison et en partie au bureau à Paris. Elle écrit des articles pour un magazine sur les personnes célèbres. C'est un travail très intéressant. Récemment elle a interviewé un jeune cuisinier anglais qui a révolutionné les menus des cantines dans les écoles et collèges en Angleterre! . . .

1   Where does Jamel live?
2   Where is he from?
3   Where in Africa is it?
4   Where does he work?
5   Is he married?
6   What is the origin of the name Rozenn?
7   What is Rozenn's occupation?
8   Where does she work?
9   Why is it an interesting job?
10 What did her latest interviewee do?

FOIRE AUX QUESTIONS

Questions perso. *Personal questions.*

1   Bonjour. Quel est votre nom?
2   Vous êtes marié(e)?
3   Vous travaillez?

À vous de poser des questions. *Your turn to ask questions.*

– 4 _____?
– Je travaille dans un collège.
– 5 _____?
– C'est le guide, il s'appelle Guillaume.
– 6 _____?
– Non, je ne travaille pas, je suis femme au foyer.
– 7 _____?
– Moi, je suis étudiant.

– 8 _____?
– Non, ils ne sont pas ouvriers, ils sont cuisiniers.
– 9 _____?
– Je suis secrétaire.

Questions de connaissances générales.
General knowledge questions.

10 Où travaille un infirmier?
11 Où travaillent les acteurs?
12 Quel est le métier de Julia Roberts?
13 Quel est le métier de Roberto Alagna et Angela Georghiu?
14 Quel est l'équivalent masculin de 'monitrice de ski'?
15 Quels sont les équivalents féminins de 'médecin' et 'ministre'?

BILAN

Maintenant vous pouvez parler de votre situation de famille, de votre travail et vous pouvez dire 'non'.

3

Troisième unité

OBJECTIFS

Ordering drinks and snacks. Children, home, pets and transport. Numbers 1–69.
Present tense of **avoir**. More negatives. The pronoun **en**. How to say *my*.

1 Passez les commandes suivantes. *Place the following orders.*

2 Lisez le texte et complétez le Tarif des Consommations dans l'encadré. *Read the text and complete the price list in the box.*

Café des Sports
Tarif des Consommations

Boissons		Snacks	
café	1,25€	sandwich	3,80€
espresso			
thé	2,20€	croque-monsieur	4,50€
jus de fruit		pizza	
eau gazeuse	3.50€	quiche lorraine	
limonade		salade niçoise	
citron pressé		glace	
bière		sorbet	
vin		crêpe	
kir		gaufre	

Coin info

Besides the many drinks you will practise ordering in this unit, it is useful to know the names of various types of water. The two main types are **l'eau plate** (*still water*) and **l'eau gazeuse** (*sparkling water*), also known as **eau pétillante**. France is famous for its mountain-filtered **eaux minérales**, like Évian or Volvic, and its naturally sparkling waters from volcanic springs, like Vichy or Perrier. At home, people usually drink **l'eau du robinet** (*tap water*). **Une carafe d'eau** is a common way of asking for plain water in restaurants.

Les glaces et les sorbets coûtent deux euros soixante-cinq. Un verre de vin coûte trois euros vingt-cinq et une bière pression trois euros cinquante, mais un kir coûte quatre euros dix. Un espresso coûte un euro quatre-vingt-dix, un citron pressé seulement deux euros cinq et un jus de fruit deux euros quatre-vingt-cinq. Une limonade coûte deux euros soixante. Les pizzas et les quiches lorraines coûtent six euros vingt-cinq, mais les salades niçoises coûtent neuf euros. Les crêpes et les gaufres coûtent trois euros quatre-vingts, comme les sandwichs.

EXTENSION

Pouvez-vous deviner le vocabulaire ci-dessous? *Can you guess the meaning of the vocabulary below?*

Boissons: un jus de fruit, un jus de pomme, un jus d'ananas, un jus de pamplemousse, une limonade, une grenadine, un diabolo-menthe, un cidre.

Snacks: une omelette, une salade niçoise, une pizza, une quiche lorraine, une crêpe, une gaufre, un sorbet, une salade verte, un pain Bagnat (jambon/tomate/œuf/mayo/salade), un croissant au jambon.

3 Mettez *un*, *une* ou *des*. *Add* un, une *or* des *to complete your orders.*

> ### Pense-bête!
>
> In the plural, although **some** is not always used in English, **des** cannot be omitted in French.

1 _____ grand crème et _____ bière, s'il vous plaît.

2 Je voudrais _____ sandwich au jambon et _____ panaché.

3 S'il vous plaît! _____ salade niçoise et _____ verre de vin blanc.

4 _____ glace et _____ croque-monsieur, s'il vous plaît.

5 Qu'est-ce que vous prenez, _____ crêpes ou _____ gaufres?

6 Je prends _____ jus d'orange et _____ sandwich au pâté.

7 Je voudrais _____ jus de fruit: _____ jus de pomme, _____ jus de pamplemousse et _____ jus d'ananas.

8 Monsieur, s'il vous plaît, _____ café et _____ cognac.

9 Alors, _____ limonade, _____ citron pressé, _____ eau pétillante et _____ bière pression.

10 Je voudrais _____ glaces et _____ sorbets: trois glaces au chocolat et deux sorbets citron.

4 Mettez le dialogue dans le bon ordre. *Put the dialogue in the right order. The first one is correct.*

1 – Bonjour, messieurs-dames. Vous désirez?

2 – Très bien. C'est tout?

3 – Eau pétillante ou eau plate, madame?

4 – Une glace au chocolat pour moi et un panaché pour mon mari.

5 – Pour moi, une bière.

6 – Pression s'il vous plaît, et un verre d'eau minérale pour ma femme.

7 – Tout de suite, messieurs-dames.

8 – Alors, une pression, une eau pétillante, et pour ces messieurs-dames?

9 – Bouteille ou pression?

10 – Oui c'est tout, merci, et l'addition.

11 – Une eau pétillante bien fraîche.

Coin info

If you order **un café** in France, you will get a black coffee. If you prefer your coffee white, you need to ask for **un café crème** or, at breakfast, **un café au lait**. Likewise, tea is normally served black or **au citron**, with a slice of lemon. If you want milk, ask for **un thé au lait** (remember there is no TH sound in French, so just say 'teh-o-lay'.)

If you avoid caffeinated drinks, ask for **un décaféiné. Un déca** is short for decaf coffee.

Kir is a drink which was invented in 1952 by a canon from Dijon. It is an aperitif consisting of white wine mixed with a small quantity of blackcurrant liqueur (**liqueur de cassis**), a well-known speciality of Dijon. When mixed with Champagne, it is called **un kir royal**.

When it's time to pay, remember that the equivalent to the decimal point in France is a comma.

5 Jeux de loto. *Lotto games.*

Pense-bête!

Revise numbers 1–20 before you start games 1 and 2, and numbers up to 69 before you do game 3.

Jeu numéro 1 – *Find out which is the winning card by circling the numbers called out (see below).*

quinze   six   quatre   huit

dix-sept

quinze   treize

seize

neuf

deux   cinq

trois   vingt   onze

Jeu numéro 2 – *Try to pick the winning card again. The numbers called are:*

douze   cinq   quinze

dix-huit

dix   trois

huit

quatorze   un

vingt   seize   quatre

sept   dix-neuf

Carte A

2	4	10
12	16	15

Carte B

8	9	11
13	17	20

Carte A

1	3	10
14	19	20

Carte B

7	12	11
15	18	6

Jeu numéro 3 – *Have a final game. Try to pick the winning card again. The numbers called are:*

soixante   dix-sept   quinze   quarante

quarante-cinq   soixante-cinq

dix-huit

trente

trente-six

onze

trois

trente-deux   neuf

trente-huit

seize

cinquante-deux   vingt-trois

6 Avec votre calculette, vérifiez si les calculs sont corrects, sinon corrigez les erreurs. *With your calculator, check if the sums are right, otherwise correct the mistakes.*

1 Dix-sept + deux = dix-neuf.
2 Trois × six = dix-huit.
3 Vingt − sept = quatorze.
4 Onze − deux = huit.
5 Treize + quatre = dix-sept.
6 Sept × deux = douze.
7 Seize ÷ deux = huit.
8 Vingt − quinze = cinq.
9 Huit + trois = dix.
10 Trente × deux = cinquante.
11 Cinquante − cinq = quarante-cinq.
12 Vingt-six + quatre = trente.

Carte A

16	23	30
38	45	60

Carte B

6	15	32
40	52	65

Coin info

There is no exact equivalent of the word *pet* in French although pets are very popular in France. People refer to a cat, a dog, etc. as **un animal familier** or **un animal de compagnie**. Other meanings of *pet* are translated as follows:

Pet used as a term of endearment is **mon (petit) chou**, literally 'my (little) cabbage'. Adults often call a child **ma puce**, literally 'my flea'.

The teacher's pet is **le chouchou** or **la chouchoute** du/de la professeur(e).

A pet name is **un petit nom**, whereas a nickname is **un surnom**.

Finally, *a pet hate* is **une bête noire**, literally a black animal/beast.

7 Qu'est-ce qu'ils ont? Complétez les phrases. *What have they got? Complete the sentences.*

1 Florence et André ont  ,  ,

 , , ,

 et .

2 Caroline a , , ,

 , , et

 .

8 Complétez avec les formes correctes du verbe *avoir*. *Fill in the blanks with the correct forms of* avoir.

> **Pense-bête!**
>
> Before you start exercises 8 and 10, revise the conjugation of **avoir** (*to have*).

1 J' _____ une fille.
2 Il _____ un appartement.
3 Nous _____ un bateau.
4 Valérie _____ une voiture.
5 Les enfants _____ des poissons rouges.
6 J' _____ un chien.
7 Vous _____ un garage?
8 Tu _____ un vélo?
9 Ils _____ des amis à Paris.
10 Elle _____ un cochon d'Inde.

> **Pense-bête!**
>
> In a negative sentence, remember to change the **un, une** and **des** to **de** or **d'** (in front of a vowel or an **h** aspirate).

9 Mettez les phrases de l'exercice 8 au négatif. *Put the sentences in exercise 8 in the negative.*

10 Complétez avec les pronoms personnels. *Add the missing personal pronouns.*

1 _____ as une Renault ou une Peugeot?
2 Moi, _____ ai une Citroën.
3 Mon mari, _____ a une voiture allemande.
4 Est-ce que _____ avez des enfants?
5 Jean-Louis, _____ a une moto japonaise.
6 _____ avons un appartement à Lyon.
7 Marc et Louis, _____ n'ont pas d'enfants.
8 Moi, _____ n'ai pas de voiture.
9 Ma femme, _____ a un vélo.
10 _____ avez un garage?
11 Les pêcheurs, _____ ont un bateau dans le port de Boulogne.
12 _____ n'avons pas d'animal familier.

> **Pense-bête!**
>
> If you want to say *my*, use **mon** + masc., **ma** + fem. and **mes** + pl. (eg mon cousin/ma cousine/mes cousins).

11 Complétez avec **mon, ma** ou **mes**. *Complete with the correct form of* my.

1 _____ appartement est au premier étage.
2 _____ enfants ont 6 ans et 4 ans.
3 _____ voiture est une Peugeot.
4 _____ amis canadiens habitent à Montréal.
5 _____ chien s'appelle Alfie.
6 _____ fille est née en 1998.
7 Arthur, _____ partenaire, travaille à Rennes.
8 _____ coiffeuse s'appelle Vanessa.

12 Reliez les questions aux réponses. *Link the questions and answers.*

1	Qu'est-ce que vous prenez?	a	Seulement dans le garage!
2	Le croque-monsieur, c'est pour qui?	b	Non, j'ai une BMW.
3	Avez-vous des enfants?	c	Oui, en Normandie.
4	Vous avez des animaux familiers?	d	Oui, merci. L'additon, s'il vous plaît.
5	Tu as des souris?	e	C'est pour moi, merci.
6	C'est tout?	f	Non, je n'en ai pas.
7	Vous avez une moto japonaise?	g	Deux citrons pressés, s'il vous plaît.
8	Avez-vous une maison?	h	Oui, j'ai deux filles.

13 Répondez en utilisant *en*. *Answer using the cues given. Use* en *to avoid repeating the words.*

> ### Pense-bête!
>
> If you want to say *how many* of whatever it is you have in French, either repeat the word or use the pronoun **en** (placed before the verb). Example:
>
> – Avez-vous des enfants? (3)
>
> – Oui, j'ai trois enfants.
>
> *or*
>
> – Oui, j'en ai trois. (literally: Yes, I have three *of them*)

1 Avez-vous des enfants? (4)   → Oui . . .
2 Avez-vous une maison? (1)
3 Ont-ils une voiture? (2)
4 As-tu un vélo? (1)
5 Est-ce qu'elle a des amis? (beaucoup)
6 Tu as du vin blanc? (12 bouteilles)
7 Avez-vous du Nuits-Saint-Georges? (20 bouteilles)
8 Est-ce qu'il a un chien? (2)
9 Elle a un garage? (0)   → Non . . .
10 Vous avez un frère? (0)

14 Lisez l'interview de Josiane et répondez vrai ou faux. *Read Josiane's interview and answer true or false.*

Hubert: Vous êtes de Strasbourg, madame?
Josiane: Non, pas exactement, mais j'ai une ferme dans un petit village à sept kilomètres du centre-ville.
Hubert: Vous avez des animaux dans votre ferme?
Josiane: Seulement un chien, un gros labrador qui s'appelle Rintintin.
Hubert: Vous travaillez?
Josiane: Oui, je suis comptable. Je travaille au Parlement Européen à Strasbourg. J'ai une moto pour aller au bureau.
Hubert: Vous avez une voiture aussi?
Josiane: Oui, j'ai une voiture de sport, mon mari a une quatre-quatre et Sébastien, mon fils, a une mobylette pour aller au collège.
Hubert: Eh bien, vous n'êtes pas une famille très écologique!
Josiane: À part le transport, je vous assure que nous respectons l'environnement.

1 Josiane habite en Alsace.
2 Comme elle habite dans une ferme, elle a beaucoup d'animaux.
3 Elle va travailler en moto.
4 Il y a quatre voitures dans la famille.
5 Son mari travaille dans un collège.
6 Elle n'a pas de fille.

FOIRE AUX QUESTIONS

Questions perso. *Personal questions.*

1 Avez-vous des enfants?
2 Vous avez une maison ou un appartement?
3 Avez-vous un animal familier?
4 Vous avez une voiture française?
5 Est-ce que vous avez un vélo?
6 Avez-vous des amis en France?

À vous de poser les questions. *Your turn to ask the questions.*

– 7 _____?
– Oui, mais je n'ai pas de garage.

– 8 _____?
– Oui, j'ai des amis à Londres.
– 9 _____?
– Oui, nous en avons dix!
– 10 _____?
– Bière pression.
– 11 _____?
– Un citron pressé, s'il vous plaît.
– 12 _____?
– Oui, merci. L'addition, s'il vous plaît.

BILAN

Maintenant vous pouvez commander des boissons et des snacks dans un café et parler de vos enfants, de vos amis, de vos animaux et autres possessions (maison, voiture, etc.).

4
Quatrième unité

OBJECTIFS

Tourist attractions in Paris. Booking accommodation and making enquiries.
Items inside a hotel room. The alphabet. Counting up to 100.
Qu'est-ce que c'est? Qu'est-ce qu'il y a?
Definite and indefinite articles. **C'est un(e) / Ce sont des**.

1 Mettez *le, la, l'* ou *les. Put* le, la, l' *or* les.

Pense-bête!

To translate *the*, use **le** before a masculine word, **la** before a feminine, **l'** before a word starting with a vowel or an **h** aspirate and **les** if the word is plural.

1 _____ Palais de Chaillot.
2 _____ tours Eiffel et Montparnasse.
3 _____ Centre Pompidou.
4 _____ Arc de Triomphe.
5 _____ Défense.
6 _____ Cathédrale de Notre-Dame.
7 _____ Quartier Latin.
8 _____ île de la Cité.
9 _____ ponts d'Iéna et Alexandre III.
10 _____ Musée de l'Armée.

2 *Un, une* ou *des? Should you use* un, une *or* des?

Pense-bête!

The indefinite article (*a/an*) is **un** before a masculine word, **une** before a feminine word. Use **des** (*some*) if the word is plural. Remember that more often than not, no article is used in English in front of a plural.

1 Sur la Seine il y a _____ bateaux-mouches pour les touristes.
2 Il y a _____ Musée Guggenheim à New York, à Bilbao, à Venise, à Berlin et à Las Vegas.
3 Il y a _____ ponts célèbres à Paris.
4 À Pise il y a _____ tour célèbre.
5 Le Centre Pompidou est _____ centre culturel très intéressant.
6 Il y a _____ grande cathédrale à Chartres.
7 Dans l'île de la Cité il y a _____ marché aux fleurs.
8 Great Ormond Street est _____ hôpital pour les enfants.
9 Aujourd'hui, il y a _____ magasins et _____ restaurants à Covent Garden.
10 À Sydney il y a _____ opéra très original.

3 *C'est* ou *Ce sont? Should you use* C'est *or* Ce sont?

1 _____ des musées.
2 _____ un palais.
3 _____ une tour.
4 _____ un hôpital.
5 _____ des théâtres.
6 _____ une église.
7 _____ des marchés.
8 _____ un quartier.
9 _____ des ponts.
10 _____ un bateau-mouche.

EXTENSION 1

Reliez la liste A et la liste B. *Link lists A and B to give the correct definition.*

Liste A

1 Le Printemps, Monoprix, Les Galeries Lafayette.
2 Leclerc, Carrefour, Auchan.
3 La Concorde.
4 Les Tuileries.
5 Les Madeleine.
6 Haussmann, Périphérique.
7 La Défense.
8 La Seine.
9 St. Jacques, Montparnasse.
10 Saint-Michel, Médicis.
11 Champs-Élysées, Georges V.
12 Roissy, Orly.

Liste B

a Ce sont des fontaines.
b Ce sont des tours.
c C'est un fleuve.
d C'est un quartier moderne.
e C'est une place.
f Ce sont des grands magasins.
g C'est une église.
h C'est un jardin.
i Ce sont des supermarchés.
j Ce sont des avenues.
k Ce sont des aéroports.
l Ce sont des boulevards.

4 Où sont-ils? Choisissez le bon endroit. *Where are they? Choose the right place.*

1 les touristes
2 Montmartre
3 les vêtements
4 la télécommande
5 l'île de la Cité
6 le Pont de la Tour
7 le chat
8 les étudiants
9 la princesse
10 la lampe
11 les clés
12 la Défense

a dans le sac
b sur le fauteuil
c dans le palais
d à Londres
e sur le téléviseur
f au nord de Paris
g sur la table de nuit
h au cœur de Paris
i dans l'armoire
j au Quartier Latin
k sur un bateau-mouche
l à l'ouest de Paris

5 Regardez chaque dessin et choisissez la description qui convient. *Look at each picture and choose a suitable description.*

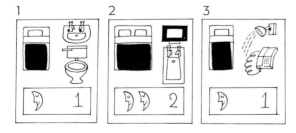

1 a Une chambre pour deux personnes, avec lavabo et WC privés, pour une nuit.
   b Une chambre pour une personne avec lavabo et WC privés, pour 2 nuits.
   c Une chambre pour une personne, avec lavabo et WC privés, pour une nuit.

2 a Une chambre pour deux personnes, avec salle de bain et télévision, pour quatre nuits.
   b Une chambre pour deux personnes, avec salle de bain et télévision, pour trois nuits.
   c Une chambre pour deux personnes, avec salle de bain pour deux nuits.

3 a Une chambre pour une personne, avec téléphone, télé et douche, pour une nuit.
   b Une chambre pour une personne, avec douche et téléphone, pour une nuit.
   c Une chambre pour une personne, avec douche et téléphone, pour trois nuits.

6 Que dit la réceptionniste et que dit le client? *What do the hotel receptionist and the client say?*

1 Pour deux personnes.
2 Vous avez un garage?
3 Impossible, ma femme est superstitieuse!
4 Vous avez des chambres libres?
5 Non, mais il y a un parking.
6 C'est pour combien de personnes?
7 Bonsoir monsieur. Bienvenue à l'Hôtel du Parc.
8 Ça va, je la prends.
9 J'ai une chambre avec salle de bain au premier étage.
10 Voilà votre clé, c'est la chambre treize.

Réceptionniste	Client

7 Maintenant, écrivez le dialogue dans le bon ordre. *Now write the dialogue in the right order, starting with sentence 7.*

8 Trouvez les cinq questions nécessaires pour réserver une chambre au téléphone. *Find the five questions needed to reserve a room by telephone.*

a Vous préférez avec salle de bain ou douche?
b Alors, deux ou trois chambres?
c Vous avez un restaurant?

d Très bien, madame. C'est pour combien de personnes?
e Quel est votre nom, madame?
f Allô, Hôtel Boniface, j'écoute. Vous désirez?
g Il y a un parking?
h Et c'est pour combien de nuits?

1 Bonjour monsieur. Je voudrais réserver une chambre.
2 Pour trois personnes, pour moi et pour mes enfants.
3 Deux. Une pour moi, et une pour les filles.
4 Une seulement, le 6 avril.
5 Avec douche, s'il vous plaît.

9 Complétez la conversation en utilisant le vocabulaire ci-dessous. *Complete the conversation using the vocabulary below.*

clé • droite • étage .• ascenseur • panne
chambre • comment • nom

– Quel est votre 1 _____ ?
– Lagriffe.
– Ça s'écrit 2 _____ ?
– L-A-G-R-I deux F-E.
– Très bien. Voici votre 3 _____ . C'est la 4 _____ sept cent dix au septième 5 _____ .
– Il y a un 6 _____ j'espère.
– Bien sûr, monsieur, tout de suite à 7 _____ , mais je regrette, il est en 8 _____ en ce moment.

10 Qu'est-ce que c'est? Utilisez *un, une* or *des. What is it? Use* un, une *or* des.

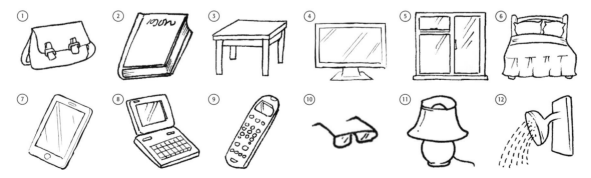

11 Complétez avec les voyelles. Épelez les mots à haute voix. *Put in the vowels. Spell the words aloud.*

1 une v __ l __ s __ .
2 un ch __ rg __ __ r d __ t __ l __ ph __ n __ .
3 un f__ __ t __ __ __ l .

4 un __ sc __ l __ __ r .
5 une __ mpr __ m __ nt __ .
6 un b __ l c __ n .
7 des l __ n __ tt __ s .
8 une p __ rt __ .
9 une ch __ __ s __ .
10 une __ r m __ __ r __ .

EXTENSION 2

Qu'est-ce que c'est? *Use the clues to discover some objects in a hotel room.*

1 Une femme a toutes ses affaires – stylo, crayon, lunettes, etc. dans un s __ __ .
2 Un f __ __ __ __ __ __ __ est plus confortable qu'une chaise.
3 Une personne prend un bain ou une d __ __ __ __ __ .
4 Indispensable pour écrire une lettre ou une carte postale. Un s __ __ __ __ .
5 Dans une chambre il y a, en général, une fenêtre et une p __ __ __ __ __ .

6 Pour arriver à la chambre d'hôtel on prend l'escalier ou l'a __ __ __ __ __ __ __ __ .
7 Les touristes préfèrent les chambres d'hôtel où il y a une grande fenêtre et un b __ __ __ __ __ __ .
8 Pour les vacances, un touriste a toutes ses affaires – jeans, T-shirts, etc. dans une v __ __ __ __ __ .
9 Si les vacances sont longues, il met tous les vêtements dans l'a __ __ __ __ __ __ .
10 Pour téléphoner, les touristes utilisent un p __ __ __ __ __ __ __ .

Coin info

Georges Perec (1936–1982) belonged to a group of writers known as the OuLiPo, founded in 1960, whose members tried to expand literature by borrowing formal patterns from domains such as mathematics, logic or chess. His fascination for anagrams, palindromes and word games is evident in most of what he wrote. He was also a master of lipograms: texts in which one or more letters are not allowed to appear. He produced a 466-word short story with the English title 'What a Man!' where the only vowel allowed was A. In 1969 he wrote a 300-page novel appropriately called 'La Disparition' (literally *The Disappearance* but translated as *A Void*) solely composed of words with no E in them.

Coin info

Because of its six-sided shape, France is often called **l'Hexagone**. It is also referred to as **la Métropole** which excludes its overseas territories and **départements** (eg la Martinique, la Guadeloupe, la Réunion, etc).

The **Hexagone** is divided administratively into 95 **départements**. Each takes its name from a geographical feature, mainly a river, and most are numbered according to their alphabetical position (eg l'Ain – 1, le Cher – 18, la Marne – 51, la Somme – 80). There are a few exceptions such as le Bas-Rhin (67), le Haut-Rhin (68) and Paris (75). Paris still has the number of what used to be la Seine (75) but this has now been split up due to the development of the capital and its region.

These departmental numbers are used in postal codes and car registration plates.

12 Quels départements forment les régions suivantes? Utilisez la liste page 26. *Which 'départements' make up the following regions? Use the map on page 25 and the list on page 26.*

1 *La Normandie:* quatorze, vingt-sept, cinquante, soixante et un et soixante-seize.
2 *La Bretagne:* vingt-deux, vingt-neuf, trente-cinq et cinquante-six.
3 *Les Pays de la Loire:* quarante-quatre, quarante-neuf, cinquante-trois, soixante-douze et quatre-vingt-cinq.
4 *L'Île de France:* soixante-quinze, soixante-dix-sept, soixante-dix-huit, quatre-vingt-onze et quatre-vingt-quinze
5 *La région PACA (Provence-Alpes-Côte-d'Azur):* quatre, cinq, six, treize, quatre-vingt-trois et quatre-vingt-quatre.

Les régions de France

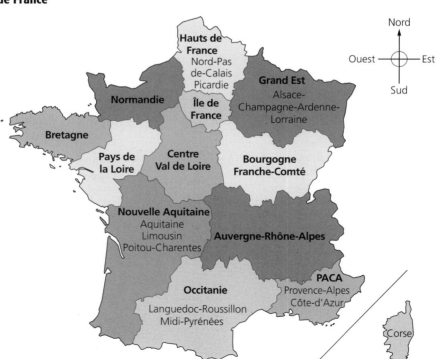

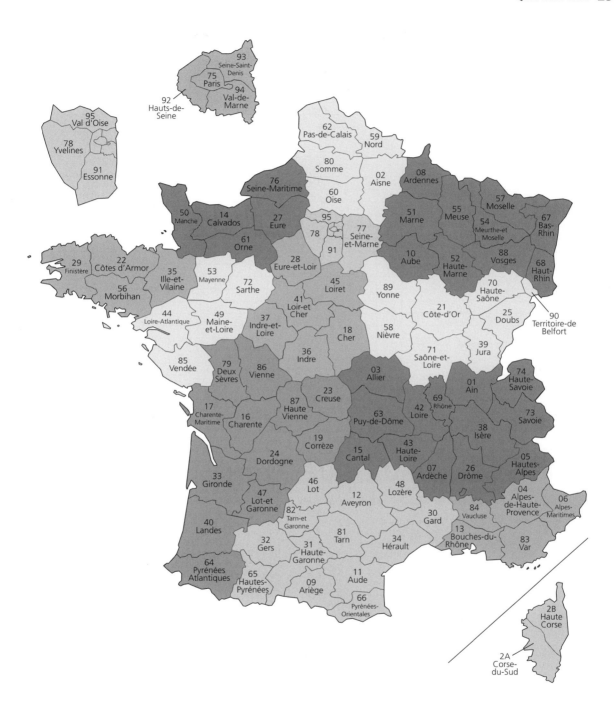

Les départements

No	Département	No	Département	No	Département
1	Ain	32	Gers	64	Pyrénées-Atlantiques
2	Aisne	33	Gironde	65	Hautes-Pyrénées
3	Allier	34	Hérault	66	Pyrénées-Orientales
4	Alpes-de-Haute-Provence	35	Ille-et-Vilaine	67	Bas-Rhin
5	Hautes-Alpes	36	Indre	68	Haut-Rhin
6	Alpes-Maritimes	37	Indre-et-Loire	69	Rhône
7	Ardèche	38	Isère	70	Haute-Saône
8	Ardennes	39	Jura	71	Saône-et-Loire
9	Arlège	40	Landes	72	Sarthe
10	Aube	41	Loir-et-Cher	73	Savoie
11	Aude	42	Loire	74	Haute-Savoie
12	Aveyron	43	Haute-Loire	75	Paris
13	Bouches-du-Rhône	44	Loire-Atlantique	76	Seine-Maritime
14	Calvados	45	Loiret	77	Seine-et-Marne
15	Cantal	46	Lot	78	Yvelines
16	Charente	47	Lot-et-Garonne	79	Deux-Sèvres
17	Charente-Maritime	48	Lozère	80	Somme
18	Cher	49	Maine-et-Loire	81	Tarn
19	Corrèze	50	Manche	82	Tarn-et-Garonne
2A	Corse-du-Sud	51	Marne	83	Var
2B	Haute-Corse	52	Haute-Marne	84	Vaucluse
21	Côte-d'Or	53	Mayenne	85	Vendée
22	Côtes d'Armor	54	Meurthe-et-Moselle	86	Vienne
23	Creuse	55	Meuse	87	Haute-Vienne
24	Dordogne	56	Morbihan	88	Vosges
25	Doubs	57	Moselle	89	Yonne
26	Drôme	58	Nièvre	90	Territoire-de-Belfort
27	Eure	59	Nord	91	Essonne
28	Eure-et-Loir	60	Oise	92	Hauts-de-Seine
29	Finistère	61	Orne	93	Seine-Saint-Denis
30	Gard	62	Pas-de-Calais	94	Val-de-Marne
31	Haute-Garonne	63	Puy-de-Dôme	95	Val-d'Oise

FOIRE AUX QUESTIONS

Questions de vocabulaire. *Vocabulary questions.*

1 Comment dit-on 'ordinateur portable' en anglais?
2 Comment dit-on 'out of order' en français?
3 Comment dit-on 'I am sorry'?
4 Comment dit-on 'bathroom'?
5 Comment dit-on 'église' en anglais?
6 Comment dit-on 'for tonight' en français?
7 Comment dit-on 'grand magasin' en anglais?
8 Comment dit-on 'how do you spell that' en français?

Questions de connaissances générales. *General knowledge questions.*

9 Soixante-treize, c'est quel département?
10 Quinze, c'est quel département?
11 Le Val d'Oise, c'est loin de Paris?
12 Est-ce que Calais se trouve dans le nord ou dans le sud de la France?
13 Où est la région PACA?
14 Nommez les quatre régions de l'Ouest de la France.
15 Dans quel département se trouve Bordeaux?
16 La Corse, qu'est-ce que c'est?

BILAN

Maintenant vous pouvez visiter Paris, utiliser l'alphabet français, nommer les objets dans une chambre et compter jusqu'à 100.

5
Cinquième unité

Ordering food in a restaurant. Asking what is available.
Du, de la, de l', des, pas de/plus de. Je voudrais/Je prendrai.

1 Utilisez *du, de la, de l'* ou *des. Express*
some *instead of* the.

EXEMPLE: La soupe – de la soupe.

Pense-bête!

Remember that unlike in English, *some* must be
used in French.

some = **du** + masc., **de la** + fem., **de l'** + vowel
or **h** aspirate and **des** + pl.

1 Le saucisson sec
2 Les crudités
3 La charcuterie
4 L'huile d'olive
5 La soupe à l'oignon
6 Les légumes
7 La viande
8 Le poisson
9 Le riz
10 Le poulet
11 Les frites
12 L'ail

2 Utilisez les dessins ci-dessous pour passer
vos commandes. *Use the pictures below to
place your orders. Start with:* Je voudrais . . .

1

2

3

3 Jeux de mémoire. *Memory games.*

Study the first tray below for a few minutes, then
cover the picture and write down in French as
many items as you can remember (use 'some').
Do the same with the second tray.

Plateau 1:

Plateau 2:

4 Qu'est-ce qu'il y a au restaurant? Utilisez *il y a* ou *il n'y a pas. What can you have at the restaurant? Use* il y a *or* il n'y a pas.

> **Pense-bête!**
>
> Always use **de** after a negative, or **d'** if the word following starts with a vowel or an **h** aspirate.

OUI	NON
le riz	le couscous

EXEMPLE: Il y a du riz, mais il n'y a pas de couscous.

1	le bifteck	le poulet
2	la soupe aux champignons	la soupe au céleri
3	le saucisson sec	le saucisson à l'ail
4	la charcuterie	les crudités
5	le saumon fumé	le caviar
6	les yaourts aux fruits	les yaourts nature
7	l'omelette au jambon	l'omelette espagnole
8	le jus d'orange	l'eau minérale

5 Qu'est-ce que c'est? Donnez la catégorie des produits ci-dessous. *What is it? Give the categories of the products below.*

EXEMPLE: Des carottes râpées, des tomates en salade et des champignons à la grecque. → des crudités.

1 Deux baguettes et un pain multicéréales.
2 Alors, une au chocolat, une à la fraise et un sorbet citron.
3 Six bouteilles de Bourgogne et six bouteilles de Bordeaux.
4 Je voudrais des carottes, des courgettes, du céleri et des petits pois.
5 Du saumon et des sardines.
6 Un poulet, deux steaks et un rôti de porc.
7 Un kilo de poires et une barquette de fraises.
8 Six petites bouteilles d'Évian et un litre de Perrier.

6 Désolé, il n'y en a plus! *Say there is/are none left.*

> **Pense-bête!**
>
> **en** (*of it/of them*) must be used in French to avoid repeating the item (eg croissants).

EXEMPLE: – Quatre croissants, s'il vous plaît.
 – *Désolé(e), il n'y en a plus.*

Choose the most appropriate reply.

EXEMPLE: – Des carottes râpées, des tomates en salade et des champignons à la grecque, s'il vous plaît.
 – *Désolé(e), il n'y a plus de crudités.*

1 Pour commencer, je prendrai de la soupe.
2 Une baguette et un pain de campagne, s'il vous plaît.
3 Un jus d'orange et un jus de pamplemousse.
4 Je voudrais des tomates.
5 Je voudrais des courgettes, des poivrons et des aubergines.
6 Je voudrais un schweppes.
7 Deux truites et une sole, s'il vous plaît.
8 Deux steaks et des côtelettes de porc.
9 Alors, une vanille-chocolat, une au café et un sorbet cassis.
10 Comme dessert, je prendrai la tarte maison.

7 Complétez le dialogue avec les mots ci-dessous. *Complete the dialogue with the words below.*

désolé • ensuite • soupe • plus • charcuterie
saucisson • sûr • avez • choisi • commencer
poulet • frites • riz • prendrai

– Vous avez 1 _____ messieurs-dames?
– Je voudrais de la soupe pour 2 _____ .
– Je suis 3 _____ madame, il n'y a pas de 4 _____ aujourd'hui.
– Vous avez de la 5 _____ ?
– Oui , du pâté ou du 6 _____ à l'ail.
– Alors, je 7 _____ du pâté maison.
– Très bien. Et 8 _____ ?
– Du 9 _____ rôti.
– Très bien.
– Avec des 10 _____ .

– Désolé, madame, il n'y en a **11** _____ .
– Alors du **12** _____ . Vous en **13** _____
j'espère!
– Bien **14** _____ madame.

8 Reliez les questions aux réponses. *Link the questions and the answers.*

1 Qu'est-ce que vous
  avez comme
  gâteaux?
2 Avez-vous des
  yaourts?
3 Est-ce qu'il y a du
  poisson aujourd'hui?
4 Il y a de la soupe
  le midi?

5 Vous avez choisi,
  monsieur?
6 Et comme boisson?

a Nous avons du
  saumon et du
  turbot.
b Je suis désolé,
  monsieur, il n'y en
  a plus.
c Oui, mais seulement
  nature.
d Oui, je prendrai de
  la charcuterie pour
  commencer.

e Une bouteille de
  Bordeaux et une
  carafe d'eau, s'il
  plaît.
f Nous avons une
  excellente tarte aux
  fraises maison.

9 Débrouillez le texte pour trouver un bon
petit déjeuner. *Someone tapped the
wrong keys! Sort out the text to give you a
good breakfast.*

théau citronpam plemous sepaingri
llécroissa ntsmielb eurresucrecéré aless
aucissesœufaup latconf iturecaféa ulait

EXTENSION 1

Complétez les plats. *Fill in the gaps to
complete the dishes, using the correct
form of* **à.**

1 une crêpe _____ fruits de mer
2 une glace _____ pistache
3 un gâteau _____ citron
4 une tarte _____ échalottes

5 de la soupe _____ oignon
6 du melon _____ porto
7 des maquereaux _____ vin blanc
8 un croissant _____ beurre
9 des bonbons _____ menthe
10 du canard _____ orange
11 des saucisses _____ herbes
12 une truite _____ amandes

Coin info

Would you know what to expect if you ordered
one of these dishes in a restaurant?
Assiette anglaise (lit. *English plate*) = a selection
of cold meats and charcuterie.
Pain perdu (lit. *lost bread*) = bread and butter
pudding.

Œuf mimosa (lit. *mimosa egg*) = hard boiled
egg stuffed with yolk mixed with mayonnaise.
Fromage de tête (lit. *head cheese*) = pork brawn.
Ail en chemise (lit. *garlic in vest/shirt*) = garlic
cloves cooked whole and unpeeled.

10 Corrigez les 18 erreurs. *Correct the text using the words below.*

croissants • déjeuner • céréales • grillé • thé
beurre • fruit • petit • anglaise • eau
café • saucisses • confiture • plat • huit
française • pamplemousse • bouteille

En général Josette prend un petit **1** *dîner* à la **2** *japonaise*: un jus de **3** *légumes*, par exemple, orange ou **4** *ratatouille*, puis elle prépare un **5** *chocolat* au citron. Elle prend aussi une demi- **6** *embouteillage* d' **7** *huile*. Puis elle prend du pain **8** *rôti*, avec du **9** *bifteck* et de la **10** *charcuterie*. Quelquefois elle prend un ou deux **11** *champignons* au beurre. Le week-end, elle prend un **12** *grand* déjeuner à l' **13** *indienne*: un **14** *curry* au lait et des **15** *cérémonies*, des **16** *sauces* et un œuf au **17** *plateau*. En général elle prend le petit déjeuner à **18** *dix-neuf* heures.

EXTENSION 2

Utilisez les mots ci-dessous pour trouver les bonnes réponses. *Use the words below to find the right answers.*

un éclair	le bar	
		le kiwi
un citron pressé		
	la pêche	
un flageolet		
le calvados		le cantal
	le champagne	
la dat(t)e		

DEVINETTE

1 Quel est le fruit préféré des profs d'histoire?
2 Je suis un fromage, mais je suis aussi le département numéro quinze.
3 Je suis un fruit au nom d'oiseau de l'hémisphère sud.
4 Quel est le fruit qui fait peur aux poissons?
5 Je suis le département numéro quatorze et à la fois une boisson à base de pommes.
6 Quelle est la pâtisserie qui est dans le ciel les jours d'orage?
7 Quelle est la boisson qui n'aime pas attendre?
8 Quel est le poisson préféré des garçons de café?
9 Je suis une boisson pétillante très spéciale mais je suis aussi une région de France.
10 Je fais partie d'un orchestre baroque. Je suis aussi un légume.

Coin info

During the siege of Paris in 1870, a restaurant had an unusual Christmas menu, following the slaughter of animals from the zoo. Here are some of the dishes that were on offer:

Tête d'âne farcie (*stuffed donkey head*)
Consommé d'éléphant
Chameau rôti à l'anglaise (*roast camel English style*)

Civet de kangourou (*kangaroo stew*)
Terrine d'antilope
Cuissot de loup (*haunch of wolf*)
Côtes d'ours rôties sauce poivrade (*roast bear chops in a pepper vinaigrette*)

Bon appétit! = Enjoy your meal!

FOIRE AUX QUESTIONS

Vous êtes au restaurant. Choisissez un menu et répondez aux questions du serveur.
You're at the restaurant. Choose a menu and answer the waiter's questions.

MENU À 28 EUROS

Terrine de surimi
ou
Soufflé au fromage
ou
Melon au porto

***

Côte de porc sauce poivrade
ou
Sole meunière
ou
Omelette aux champignons

***

Fromage *ou* Dessert
(Glace au choix, mousse au
chocolat, crème caramel
ou tarte Maison)

Service 10% non compris

MENU à 35 EUROS

12 huîtres de Marennes
ou
Feuilleté d'asperges
ou
Velouté cresson-avocat

Canard à l'orange
ou
Brochette de lotte
ou
Tomates farcies

Plateau de fromages

Nectarines pochées au Monbazillac
ou
Mousse de citron au coulis
de framboises
ou
Omelette norvégienne

Service 10% non compris

1 Bonjour. Vous avez choisi?
2 Très bien. Qu'est-ce que vous prendrez pour commencer?
3 Oui. Et ensuite?
4 Désolé(e), il n'y en a plus.
5 D'accord. Et comme boisson?
6 Très bien. Vous prendrez un dessert?
7 Vous prendrez un café?

À vous de poser les questions. *Your turn to ask the questions.*

8 _____ ?
Vanille, chocolat, café, fraise et pistache.
9 _____ ?
Alors, comme dessert, je prendrai une tarte tatin.

10 _____ ?
Bien sûr! Aujourd'hui nous avons du saumon et des maquereaux.
11 _____ ?
Oui, je prendrai le menu à 35 €.
12 _____ ?
Pour ma femme, les crudités et la terrine maison pour moi.
13 _____ ?
Non, pas de café, mais apportez l'addition, s'il vous plaît.
14 _____ ?
Camembert, brie, gruyère, morbier et chèvre.
15 _____ ?
Oui, merci. Et l'addition, s'il vous plaît.

BILAN

Maintenant vous pouvez commander à boire et à manger dans un restaurant.

6
Sixième unité

Expressions with **avoir** (age, hot/cold, hungry/thirsty etc). Simple place words. Expressing possession. How to say *your*.

1 Complétez. *Complete with the correct part of* avoir.

> **Pense-bête!**
>
> Revise the conjugation of **avoir** before you start.

– Quel âge **1** _____ Marc et Marielle?
– Marc **2** _____ douze ans, et sa sœur Marielle **3** _____ dix ans.
– Quel âge **4** _____-tu?
– J' **5** _____ huit ans.
– Quel âge **6** _____ Suzanne et Patricia?
– Elles sont jumelles. Elles **7** _____ treize ans.
– Et vous, quel âge **8** _____ -vous?
– Nous **9** _____ quatorze ans et quinze ans.
– Et Lionel, quel âge **10** _____ -t-il?
– Désolé, je ne sais pas!

2 Complétez avec *il, elle* ou *ils* et reliez au bon dessin. *Complete sentences 1-6 with* il, elle *or* ils *and link to the right picture.*

1 _____ a chaud.
2 _____ a soif.
3 _____ ont peur.
4 _____ a de la chance.
5 _____ a froid.
6 _____ a sommeil.

3 Quelle est votre réaction dans les situations suivantes? Utilisez *Je. How would you react in the following situations? Answer using* Je *and expressions with* avoir.

1 Vous êtes au Pôle nord.
2 Il y a une araignée dans la chambre.
3 Vous vous disputez avec des collègues.
4 Vous êtes au Sahara.
5 Vous êtes au casino. Vous avez perdu beaucoup d'argent.
6 Vous participez au marathon de New York.
7 Au restaurant.
8 Devant la télé.

4 Maintenant utilisez *Nous* puis *Elle. Now use* Nous *then* Elle.

5 Trouvez l'intrus. *Find the odd one out.*

1 un chien, un poisson, un tableau, un chat.
2 un fauteuil, une commode, un parapluie, une table.

3 une voiture, un avion, un plafond, un vélo.
4 une araignée, une souris, un oiseau, un camion.
5 une valise, un tiroir, une raquette, une boîte.
6 au Maroc, au mur, au plafond, par terre.
7 une carte de France, une ville de France, un poster, un tableau français.
8 un balcon, un cuisinier, une porte, une fenêtre.

6 Lisez les descriptions et dessinez votre tableau. *Draw your picture following the instructions.*

Dessinez un mur. Devant le mur il y a deux arbres. Il y a un hamac (*hammock*) entre les deux arbres. Il y a une dame dans le hamac. Il y a une bouteille sous le hamac. Il y a un vélo contre l'arbre à gauche. Il y a un chien derrière l'arbre à droite. Sur le mur il y a un chat. Il y a trois oiseaux dans le ciel.

7 Regardez le dessin et faites des phrases pour situer les objets. *Look at the picture and make up sentences to indicate where the objects are situated.*

8 Mettez les mots dans le bon ordre pour faire des phrases correctes. *Put the words in the right order to make correct sentences.*

1 enfants y commode une il des a photo sur la.
2 devant a maison pas de il voiture n' la y.
3 foot de sous le est ballon lit le.
4 métro et de la est café la entre le station pharmacie.
5 ai mon pas où sais je perdu j' portable ne.

EXTENSION 1

Voici le début de quelques chansons françaises. Complétez-les avec les prépositions ci-dessous. *Can you guess how these French songs begin? Complete them with the relevant prepositions below.*

sur • sous • devant • dans
derrière • entre • contre • au • à

1 _____ les jardins de mon père les lilas sont fleuris. . .

2 _____ le pont d'Avignon, on y danse, on y danse . . .
3 _____ clair de la lune, mon ami Pierrot . . .
4 _____ le bœuf et l'âne gris, dort, dort, dort le petit fils . . .
5 Maman, les p'tits bateaux qui vont _____ l'eau, ont-ils des jambes? . . .
6 Marie trempe ton pain _____ la sauce, Marie trempe ton pain _____ le vin!

9 Complétez pour exprimer la possession.
Fill in the gaps to express possession.

Pense-bête!

When the 'possessor' is not a proper noun/
name or does not include a possessive adjective
(eg **mon/ma/mes**), use the equivalent of *'of the
. . .* ', ie **du** + masc., **de la** + fem., **de l'** + vowel
or **h** aspirate and **des** + plural.

1   Le chien _____ mon partenaire s'appelle Max.
2   Le chat _____ Marguerite a douze ans.

3   L'église _____ village est de style gothique.
4   Le cabinet _____ dentiste est au premier étage.
5   Le stylo _____ médecin n'est pas sur la table.
6   Le petit ami _____ ma fille habite à Nice.
7   Les parents _____ jumeaux sont jeunes.
8   La réceptionniste _____ hôtel n'est pas sympa.
9   Le nom _____ restaurant est 'À la bonne fourchette'.
10 J'ai perdu la clé _____ voiture!
11 Le car _____ touristes est là.
12 Les enfants _____ infirmière sont très mignons.

 EXTENSION 2

Complétez les titres de ces compositions. *Complete the titles of these compositions using the correct form of the preposition* **de**.

1   Les surprises _____ Amour.   (Jean-Philippe Rameau)
2   La croisade _____ enfants.   (Gabriel Pierné)
3   Les Mariés _____ Tour Eiffel.   (Francis Poulenc)
4   Le carnaval _____ animaux.   (Camille Saint-Saëns)
5   Gaspard _____ nuit.   (Maurice Ravel)
6   Réveil _____ oiseaux.   (Olivier Messiaen)
7   La création _____ monde.   (Darius Milhaud)
8   Les Parapluies _____ Cherbourg.   (Michel Legrand)

10 Lisez et répondez aux questions. *Read and answer the questions.*

La chambre de Claudine

Dans la chambre de ma fille Claudine, il y a un lit, une commode et une armoire. Il y a aussi une table de nuit et un fauteuil devant la fenêtre. Sur le fauteuil il y a une tablette et en dessous, il y a une boîte de Kleenex. Sur la table de nuit, il y a une lampe et deux photos. Devant les photos, il y a un portable et, aujourd'hui, du shampooing, des bouteilles de coca et du chocolat! Par terre, il y a des t-shirts, des pulls et des jeans. Sous le lit, il y a des journaux, des magazines, des crayons et des stylos. Dans les tiroirs de la commode, il n'y a pas de vêtements – bien sûr, ils sont par terre! – mais il y a des cartes postales et des photos des amis de Claudine. Dans l'armoire il y a une guitare, des raquettes de tennis et un ballon de foot. Mais le parapluie de Claudine n'est pas dans la chambre, elle l'a perdu!

1 Qu'est-ce qu'il y a derrière le fauteuil?
2 Est-ce que la tablette est sous le fauteuil?
3 Qu'est-ce qu'il y a sous le lit?
4 Où sont certains vêtements de Claudine?
5 Est-ce qu'il y a une lampe sur la commode?

6 Qu'est-ce qu'il y a d'autre sur la table de nuit?
7 Où sont les cartes postales et les photos?
8 Quels sont les sports préférés de Claudine?
9 Pourquoi le parapluie n'est-il pas dans la chambre?

Pense-bête!

To say *your* (pol. or pl.), use **votre** for the singular (**votre père, votre mère**) and **vos** for the plural (**vos parents**).

To say *your* (fam.), use **ton** + masc., **ta** + fem. or **tes** + pl. (**ton père, ta mère, tes parents**).

11 Complétez avec **votre** ou **vos**. *Complete with the correct form of* your *(pol. or pl.).*

1 Non, ___ stylo n'est pas sur la table.
2 Où sont ___ clés ?
3 ___ valise est sous ___ lit.

4 ___ chambre est à quel étage?
5 ___ CDs sont sur ___ lit.
6 Où est ___ parapluie?

12 Complétez les phrases de l'exercice 11 avec **ton**, **ta** ou **tes**. *Now use your* (fam.) *to complete the sentences in exercise 11.*

? FOIRE AUX QUESTIONS

Questions perso. *Personal questions.*

1 Quel âge a votre mari / femme / partenaire / petit(e) ami(e) / animal familier?
2 Quel âge ont vos enfants / vos parents / vos cousins?
3 À votre avis, quel est l'âge idéal?
4 Avez-vous froid / chaud en ce moment?
5 Est-ce que vous avez peur des araignées / des souris / des chiens?
6 Est-ce que vous avez de la chance?
7 Qu'est-ce que vous avez perdu récemment?

À vous de poser les questions. *Your turn to ask the questions.*

– 8 _____ ?
– Oui, très! Je voudrais un sandwich au fromage, un sandwich au jambon, un gâteau et une grosse glace.
– 9 _____ ?
– Mon fils a douze ans et mes filles ont neuf et six ans.
– 10 _____?
– Oh oui, je voudrais bien une bouteille d'eau.
– 11 _____ ?
– Les clés sont sur la chaise, entre le sac et le portable.

Questions de vocabulaire. *Vocabulary questions.*

12 Quel est le contraire de 'J'ai froid'?
13 Quel est le contraire de 'Vous avez tort'?
14 Comment dit-on 'Paul's newspaper?' en français?
15 Comment dit-on 'the children's dictionary' en français?

BILAN

Maintenant vous pouvez utiliser les expressions avec **avoir**, situer les personnes et les objets, exprimer la possession.

7
Septième unité

OBJECTIFS

Finding your way around. Making enquiries.
Pour aller? Il y a . . . par ici? Place words.

1 Mettez les articles ci-dessous dans le bon magasin. *Put the items below in the most suitable shop.*

l'aspirine, le thé, les tartes, le shampooing, le pain, les journaux, l'huile, la moutarde, les cartes postales, les pillules, les timbres, les livres, les croissants, le dentifrice, les magazines, les gâteaux, les stylos, le café

PHARMACIE	EPICERIE	LIBRAIRIE	LA POSTE	BOULANGERIE-PATISSERIE

2 Complétez avec le verbe *avoir* et les bons endroits. *Complete with the correct part of* avoir *and the appropriate places.*

1 Nous cherchons une _____ . Nous _____ besoin d'aspirine et de dentifrice.
2 Alain et Patricia _____ faim. Ils cherchent une _____ pour acheter des croissants.
3 Nous n' _____ plus de timbres. Où est la _____ ?
4 Je n' _____ plus de légumes. Où est le _____ s'il vous plaît?
5 Elle _____ besoin de viande, de fromage et d'eau minérale. Elle cherche un _____ .
6 Vous _____ soif? Il y a un _____ juste en face!

3 Choisissez la bonne réponse. *Choose the right answer.*

1 Elle a besoin d'argent. Elle cherche un supermarché / une banque / une église.

2 Je cherche le centre culturel / la station-service / le Star Hôtel pour réserver une chambre.
3 J'ai très soif. Je voudrais du vin / de l'eau / du lait.
4 J'ai perdu mon sac. Où est le commissariat / la mairie / le centre commercial, s'il vous plaît?
5 Je n'ai pas de plan de la ville. Où est l'épicerie / la Poste / l'Office de Tourisme, s'il vous plaît?
6 Je cherche une bibliothèque / un stade / une librairie pour acheter un livre.
7 J'ai très faim. Il y a un restaurant / un château / un collège par ici?
8 Elle a froid. Elle est à la patinoire / à la piscine / à la gare.

4 Dites à un(e) Français(e) ce dont vous et les autres personnes ci-dessous ont besoin. *Tell a French person what you and the other people below need. (Several answers are possible.)*

EXEMPLE: You want to buy a dictionary → J'ai besoin d'une librairie.

1 You want to look up the meaning of a word.
2 She is dying of thirst.
3 You want to brush your teeth.
4 He wants to read the latest news.
5 You've got toothache.
6 You want to send a letter.
7 You want to get rid of the mice in your loft.
8 You want to wash your hair.
9 He wants a haircut.
10 They want to learn Russian.

5 Complétez la légende. *Complete the key to the town plan.*

LÉGENDE

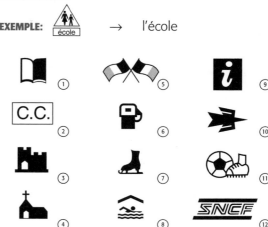

6 Mettez les mots ci-dessous dans la bonne colonne. *Put the words below in the correct columns.*

l'auberge de jeunesse	l'église	le palais
la banque	la gare	le parking
la bibliothèque	les grands magasins	la patinoire
le camping	l'hôpital	la piscine
le centre commercial	la mairie	la poste
le château	le marché	la station-service
le commissariat de police	le musée	le supermarché
l'école	l'Office de Tourisme	les toilettes

Pour aller ... ?

au	à la	à l'	aux
camping	banque		

RUE
JEANNE D'ARC
RÉSISTANTE
1412-31

Coin info

La-Ville-aux-Dames est une ville située près de Tours (Indre et Loire, 37) et où presque toutes les avenues, rues, allées et impasses portent des noms de femmes.

L'endroit était à l'origine une abbaye pour religieuses et le nom vient du fait que la population était en majorité féminine.

En 1974 le Maire a suggéré qu'on donne des noms de femmes célèbres à trente rues de la commune. Aujourd'hui, il y en a environ soixante-quinze.

On y trouve des artistes (actrices, musiciennes, peintres, chanteuses), des personnalités politiques, des personnages historiques, des sportives, des écrivaines, des scientifiques etc. Il existe aussi une rue Madame et une rue Mademoiselle. Mais attention, il y a une intruse, 'La Dame en Noir', qui est en fait le nom de résistant choisi par un abbé de la ville pendant la seconde guerre mondiale.

Les bâtiments municipaux ont aussi des noms de femmes, par exemple le centre socioculturel Camille Claudel (sculptrice) et les écoles Marie Curie (physicienne) et Colette (écrivaine).

Les panneaux indiquent fréquemment les dates de naissance et de mort, ainsi que les actions de ces dames plus ou moins célèbres.

7 Mettez les mots dans le bon ordre. *Put the words in the right order.*

1 rue traversez la
2 à prenez première la rue gauche
3 droit continuez tout
4 rue à troisième la prenez gauche
5 rue feux jusqu'aux la descendez
6 droite rond-point à au tournez

8 Complétez les phrases avec les mots ci-dessous. *Complete using the words below.*

tournez • droite • entre • allez • traversez
croisement • jusqu'à • troisième • êtes
prenez • continuez • en face de

1 Pour aller à la poste, _____ tout droit, puis _____ la deuxième rue à gauche. La poste est _____ la banque et le musée.
2 La mairie? _____ jusqu'aux feux, _____ la place et vous y _____ .
3 Pour aller à la gare, prenez la _____ rue à droite. Continuez tout droit _____ la piscine, puis _____ à gauche. La gare est là.
4 L'Office de Tourisme? Vous descendez la rue Gautier jusqu'au _____, puis vous prenez la première rue à _____ . L'Office du Tourisme est _____ la cathédrale.

9 Reliez les questions aux réponses. *Link the questions and answers.*

1 Il y a une pharmacie par ici?
2 La station-service, c'est loin d'ici?
3 Où est la mairie, s'il vous plaît?
4 Pour aller à l'hôpital, s'il vous plaît?
5 Pardon monsieur, je cherche les toilettes.

a Non, c'est à 15 minutes.
b Continuez tout droit. Les WC? Désolé, je
c Les WC? Désolé, je ne sais pas!
d Oui, il y en a une à cent mètres.
e L'hôtel de ville? En face du château.

10 Écrivez la phrase complète. *Write in full.*

EXEMPLE: 4km – C'est à quatre kilomètres

1 30km.
2 5mn 🏃 ..
3 25km.
4 100m.
5 15mn 🚗 ..
6 5km.
7 10mn 🚶 ..
8 200m.
9 150m.
10 20mn 🚗 .

11 Utilisez le plan de la ville ci-dessous. *Use the town plan below.*

1 Où sont les endroits suivants? Mettez les lettres sur le plan. *Where are the following places? Put the letters on the plan.*

a la station-service, **b** le supermarché, **c** le camping, **d** la gare.

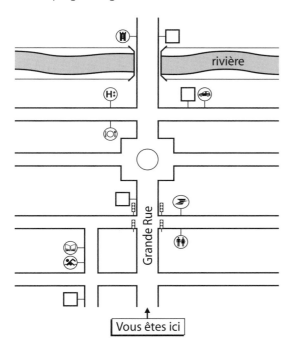

rivière

Grande Rue

Vous êtes ici

a Descendez la Grande Rue. La station-service est à gauche après les feux.

b Allez tout droit. Traversez la place et prenez la première rue à droite. Le supermarché est sur votre gauche.

c Continuez tout droit jusqu'à la rivière. Traversez le pont. Le camping est tout de suite à droite.

d Pour aller à la gare, prenez la première à gauche, puis de nouveau la première à gauche.

2 Où vont-ils? *Where are they going?*

a C'est facile. Prenez la deuxième rue à droite et c'est à environ 200 mètres sur votre gauche.

b Alors, vous prenez la première rue à gauche puis la première à droite. C'est tout de suite sur votre gauche.

c Continuez sur la Grande Rue et allez jusqu'à la place. Traversez-la et prenez la première à gauche. Il est sur votre droite.

d Ce n'est pas loin. Prenez la deuxième à droite. C'est en face de la poste.

3 Donnez les explications pour aller... *Give instructions to go...*

a au château
b au restaurant
c au parking
d à la bibliothèque

12 Dessinez un plan suivant les explications ci-dessous envoyées par la propriétaire d'une chambre d'hôtes. *Draw a plan according to instructions sent by the owner of a B&B.*

Adresse:
L'Amandier
4 impasse Victor Hugo
62880 Saint Samson

Pour vous rendre chez nous:
Quittez l'autoroute A16 à la sortie 31.
Prenez la direction Boulogne-sur-Mer centre.
À Saint Samson, passez 2 ronds-points.
Tournez à droite aux premiers feux dans la rue Pasteur.
Roulez 600 mètres puis tournez à gauche dans l'impasse Victor Hugo.
Continuez tout droit jusqu'au bout de l'impasse. La maison est sur la droite.

13 Complétez avec *du, de la, de l'* ou *des*.
Complete with du, de la, de l' *or* des.

1 En face _____ bibliothèque.
2 Près _____ hôpital.
3 Au milieu _____ centre commercial.
4 Autour _____ grands magasins.
5 Au bout _____ boulevard.
6 À côté _____ café.
7 Près _____ monuments historiques.
8 À côté _____ arrêt d'autobus.
9 Au milieu _____ place.
10 En face _____ château.

14 Mettez le dialogue dans le bon ordre. *Put the dialogue in the right order. The first one is correct.*

1 – Pardon madame, est-ce que le camping est près d'ici?
2 – Au rond-point, tournez à gauche, puis vous prenez la deuxième à droite.
3 – Mais madame, je cherche le camping Girolle!
4 – Et après le rond-point?
5 – Et vous y êtes! Le camping Giroflée est juste en face du château.
6 – Et pour y aller, s'il vous plaît?
7 – C'est facile. Continuez tout droit jusqu'au rond-point.
8 – La deuxième à droite, oui. . .
9 – Pas très loin, à 10 km environ.
10 – Désolée monsieur, je ne sais pas où il est!

 # EXTENSION

Pouvez-vous deviner le sens du vocabulaire ci-dessous? *Can you guess the meaning of the vocabulary?*

une discothèque
des courts de tennis
un jardin public/un parc
un institut de beauté
une fontaine
un monument aux morts

une terrain de golf
des pistes cyclables
un salon de coiffure
un complexe sportif
une statue
une impasse

Donnez les équivalents anglais. *Give the English equivalents.*
1 Il y a de plus en plus de pistes cyclables en Angleterre.
2 J'aimerais avoir un court de tennis dans mon jardin.
3 Il y a maintenant beaucoup d'instituts de beauté pour hommes.
4 Il y a un monument aux morts dans toutes les villes et tous les villages de France.
5 À Paris il y a beaucoup de statues dans les parcs et dans les jardins.

FOIRE AUX QUESTIONS

Questions perso. *Personal questions.*

1 Est-ce qu'il y a une piscine et/ou un cinéma dans votre ville/village?
2 Qu'est-ce qu'il y a pour les sportifs/ les jeunes/les touristes?
3 Est-ce qu'il y a un arrêt d'autobus près de chez vous?
4 Est-ce que le supermarché est loin de chez vous?
5 Qu'est-ce qu'il y a en face de votre maison/immeuble?
6 Décrivez votre ville/village.
7 Donnez les explications pour aller de la gare à votre maison/ appartement.

À vous de poser les questions. *Your turn to ask the questions.*

– 8 _____ ?
– Oui. En fait, il y a deux hôtels en face de la gare.
– 9 _____ ?
– Alors, continuez jusqu'à l'église et tournez à gauche. La bibliothèque est à 100 mètres.
– 10 _____ ?
– Les toilettes sont au premier étage, juste en face de l'escalier.
– 11 _____ ?
– L'Office de Tourisme est dans la rue Clémenceau, à côté du cinéma.

Questions de connaissances générales. *General knowledge questions.*

12 Comment s'appelle la place de Moscou où se trouve le Kremlin?
13 Qu'est-ce qu'il y a en face du musée Tate Modern à Londres?
14 Qu'est-ce qu'il y a au milieu de la Place de la Concorde?
15 Dans quelle ville marocaine se trouve la mosquée Hassan II?

BILAN

Maintenant vous pouvez demander votre chemin et expliquer à d'autres personnes comment aller à différents endroits.

8

Huitième unité

Giving and receiving information on daily activities. Verbs of liking and disliking. Present tense of –**er** verbs. **Depuis**.

1 Travail ou loisirs? Écrivez T ou L. *Work or leisure activities? Write T or L.*

1 Elle parle avec des clients.
2 Les enfants écoutent le prof d'anglais.
3 Ce soir nous regardons la télé.
4 Il arrive au bureau à 8 heures.
5 Je chante sous la douche.
6 Ils mangent au restaurant.
7 J'étudie le chinois pour mon métier.
8 Vous achetez des vêtements?
9 Elle prépare les légumes.
10 J'étudie l'espagnol pour mes vacances.

2 Utilisez le verbe *habiter* pour compléter les phrases. *Use the correct form of* habiter *to complete the sentences.*

Pense-bête!

Remember that although there are only three sounds in the present tense of –**er** verbs, there are different spellings:

(j') habite, (tu) habites, (il/elle) habite, (ils/elles) habitent – all sound the same.

Only **(nous) habitons** and **(vous) habitez** sound different.

1 Gilles et Françoise _____ au Maroc.
2 Tu _____ dans un appartement?
3 Jean-Pierre _____ à Grenoble.
4 Vous _____ en banlieue?
5 Sandrine et moi _____ dans les Pyrénées.
6 Elles _____ une maison près de la gare.
7 J' _____ en Belgique.

8 Elle _____ dans une caravane.
9 Nous _____ un village dans les Alpes.
10 Ils _____ une villa en Corse.

3 Réponds *Non*! *Answer* No!

1 Tu habites à Rennes?
2 Tu es de Quimper?
3 Tu parles breton?
4 Tu étudies le breton?
5 Tu travailles sur un bateau?
6 Tu écoutes souvent la radio?

4 Répondez *Non*! *Answer* No! *Start with* Nous.

1 Vous aimez le poisson?
2 Vous mangez de la viande?
3 Vous êtes végétariens?
4 Vous jouez au golf?
5 Vous regardez souvent la télé?
6 Vous achetez les fruits au marché?

5 Regardez les dessins et dites ce que vous aimez/adorez/n'aimez pas/détestez. *Look at the pictures and say what you like/hate/don't like/love.*

1

2

3

4

5   6   7   8

9   10

EXTENSION 1

Dites les matières que vous aimez/n'aimez pas et donnez une raison. Utilisez le vocabulaire ci-dessous. *Say which subjects you like/don't like and give a reason. Use the vocabulary below.*

Commencez avec (*Start with*): J'aime/J'adore/Je n'aime pas/Je déteste . . . parce que c'est . . .

Les matières	
les maths	l'informatique
l'anglais	le français
l'espagnol	l'allemand
l'histoire	la géographie
la philosophie	la musique
le dessin	le sport
la cuisine	le droit
les sciences naturelles	

Les raisons		
intéressant	ennuyeux	barbant
facile difficile utile		important
fascinant fatigant super		
chouette cool génial		

6 Complétez le mail de Claude. *Complete Claude's email.*

Salut Amélie,

Merci pour ton message d'hier. Moi aussi je suis sportif. Je **1** _____ au tennis et au badminton et **2** j'_____ le foot.

J' **3** _____ chez mes parents, et le soir nous **4** _____ la radio ou nous **5** _____ la télé. Ils **6** n'_____ pas la musique rock et ils **7** _____ le rap, ils **8** _____ le jazz et la musique classique.

Quelquefois dans ma chambre **9** j'_____ mon I-pod, je **10** _____ un film sur ma tablette, ou je **11** _____ avec mes amis sur Skype. Une fois par semaine mon ami et moi **12** _____ le chinois.

Quelquefois je **13** _____ au restaurant avec des copains. J' **14** _____ le couscous, c'est mon plat préféré. Je **15** _____ dans un magasin de musique. C'est super parce qu'il y **16** _____ beaucoup de clients de mon âge.

7 Reliez les questions aux réponses. *Link the questions and answers.*

1 Où travaillez-vous?
2 Depuis quand travaillez-vous à Pau?
3 Vous habitez en banlieue?
4 Depuis quand y habitez-vous?
5 Où mangez-vous le midi?
6 Quand mangez-vous au restaurant?
7 Aimez-vous le poisson?
8 Mangez-vous souvent des fruits?

a Non, je préfère la viande.
b Le week-end ou pendant les vacances.
c Depuis mon mariage.
d J'y travaille depuis 2 ans.
e À Pau.
f Oui, j'adore les pommes et les bananes.
g À la cantine.
h Non, en ville.

8 Répondez aux questions sur Philippe Dubois. *Answer the questions on Philippe Dubois.*

Philippe Dubois
Né Lille 1986
Médecin 2007
2006 – épouse Viviane
2010 – émigre au Québec (Montréal)
2014 – naissance Alexandre et Alice
Ferme près de Plessisville (centre-du-Québec) 2016

---

1 Dans quel pays Philippe Dubois est-il né?
2 Depuis quand est-il médecin?
3 Depuis quand Philippe et Viviane sont-ils mariés?
4 A-t-il des enfants?
5 Où habitent les Dubois depuis 2016?
6 Depuis quand Philippe ne travaille-t-il plus comme médecin?

Maintenant écrivez un paragraphe sur Philippe Dubois. *Now write a paragraph about Philippe Dubois.*

9 Depuis quand . . . ? Choisissez ci-dessous pour répondre aux questions. *Since when . . . ? Choose below to answer the questions.*

> **Pense-bête!**
>
> Remember to use **depuis** with the present tense to express something that is still going on.

1 . . . habitez-vous dans votre maison/appartement?
2 . . . étudiez-vous le français?
3 . . . joues-tu au tennis?
4 . . . jouez-vous du piano?
5 . . . as-tu faim?
6 . . . est-ce qu'ils ont un chien?
7 . . . regardes-tu la télé?
8 . . . travaille-t-elle comme journaliste?

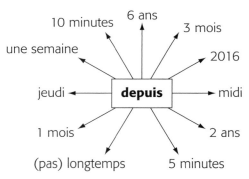

10 Mettez les mots dans le bon ordre. *Put the words in the right order.*

1 des magasin vêtements dans achète un grand elle
2 écoutent pas le enfants professeur n' les
3 les viande tu ou préfères légumes la ?
4 Paris six travaillons nous à mois depuis
5 le russe vous longtemps étudiez depuis ?
6 que la classique aimes est-ce tu musique ?
7 la depuis je électrique de joue 2018 guitare
8 restaurant jeudi au soir mangeons le nous

EXTENSION 2

**Lisez le texte et répondez vrai (V),
faux (F) ou 'on ne sait pas' (?).**
Answer true, false or 'don't know'.

"Je suis un comédien un peu spécial,"
explique Bertrand, 40 ans, de sa belle
voix de baryton, "je suis comédien voix.
Je ne travaille pas dans un théâtre, je
ne tourne pas de films, ni même de
téléfilms. Je reste invisible! Une grande
partie de mes activités professionnelles
consiste à enregistrer des livres audio."
Quel public s'intéresse aux livres audio?
"Toutes sortes de gens. Les malvoyants,
bien sûr, car c'est plus facile que les
livres en braille, mais aussi beaucoup
de parents, pour les enfants qui sont à
l'hôpital, par exemple, ou pour occuper
les enfants pendant les longs trajets en
voiture. C'est l'idéal pour les voyages.
D'ailleurs les chauffeurs routiers sont
d'excellents clients. Ils aiment écouter
des livres audio dans leur camion, ça
change de la radio, des chansons et de
la musique. C'est un marché en pleine
évolution."
Quels livres Bertrand préfère-t-il
enregistrer?
"J'aime surtout les bons polars* et les
romans de science-fiction."
Et à part les livres audio?
"Eh bien, en tant que professionnel de
la voix off, je fais aussi de la radio et
j'enregistre des spots publicitaires ou des
commentaires de films. C'est très varié,
très intéressant."

Quels sont les passe-temps préférés de
Bertrand?
"Je chante avec un groupe de musiciens
amateurs – des amis de collège, et
depuis environ deux ans, je joue au
sudoku, mais je préfère jouer en ligne.
J'adore utiliser mon ordinateur, ça me
change des livres!"
Pas de sport?
"Comme je suis handicapé physique
depuis un accident de voiture dans mon
enfance, ce n'est pas facile, mais je
joue au ping-pong et je vais à la piscine
régulièrement."

* un polar = *un roman policier*

1   Bertrand est chanteur d'opéra.
2   Il préfère le cinéma au théâtre.
3   Il télécharge beaucoup de livres
    audio.
4   De nombreux enfants écoutent des
    livres audio.
5   Les chauffeurs de camion n'aiment
    pas écouter la radio.
6   Le marché des livres audio se
    développe.
7   Bertrand enregistre seulement des
    romans policiers et de science-fiction.
8   Il aime bien son métier.
9   Bertrand joue d'un instrument de
    musique.
10 Il joue au sudoku sur son ordinateur.
11 Il est handicapé depuis qu'il est petit.
12 Il habite dans une grande ville.

11 Ajoutez les interrogatifs. *Add the question words.*

1 – Elle joue du violon depuis _____ de temps?
   – Depuis un mois seulement.
2 – _____ est votre chanson préférée?
   – 'Let it be'.
3 – Ton chien s'appelle _____ ?
   – Arthur, comme le roi.
4 – _____ achetez-vous des croissants?
   – Parce que nous avons faim.
5 – _____ est-ce que vous prenez?
   – Une bière.
6 – _____ est ton sport préféré?
   – Le foot.

7 – C'est pour _____ de personnes?
   – Deux.
8 – Ça s'écrit _____ ?
   – L.O.R.I.E.
9 – _____ travaillez-vous?
   – Dans un grand magasin.
10 – _____ habite à Rouen?
   – Claire.
11 – _____ est-ce qu'il y a dans le sac?
   – Je ne sais pas!
12 – _____ pas?
   – Parce que j'ai peur!

12 Lisez la lettre de Mériem et répondez aux questions. *Read Mériem's letter and answer the questions.*

Bonjour!

Je me présente: Je m'appelle Mériem. Je suis née en Algérie mais j'habite à Nantes depuis vingt-cinq ans. (Regarde une carte de France. Nantes est sur la côte atlantique au sud de la Bretagne). Mon mari est français et nous sommes mariés depuis dix-huit ans. Nous avons trois enfants, deux filles et un garçon – Nellie, Claire et Jean – qui ont quinze, onze et huit ans respectivement. J'étudie l'anglais depuis six mois seulement. Je n'aime pas regarder la télé. Je préfère écouter la radio ou des CD – j'adore le rap! Je suis assez sportive. Je joue au badminton et j'aime la natation. Je ne suis pas végétarienne mais je ne mange pas de viande rouge – je déteste ça! Je prépare des plats nord-africains avec du poulet, du poisson et beaucoup de légumes. Délicieux!

Écris-moi vite.

Bien amicalement,

Ton amie Mériem

1 Mériem est-elle mariée depuis longtemps?
2 Où habite-t-elle?
3 Qu'est-ce qu'on regarde pour situer une ville française?
4 Qui est Jean?
5 Quel âge ont les filles de Mériem?
6 Est-ce qu'elle étudie l'anglais depuis longtemps?
7 Quelle est la musique préférée de Mériem?
8 Quels sports pratique-t-elle?
9 Est-ce qu'elle mange de la viande?
10 Pourquoi prépare-t-elle des plats maghrébins?

FOIRE AUX QUESTIONS

Questions perso. *Personal questions.*

1 Où habitez-vous? Depuis combien de temps?
2 Depuis quand étudiez-vous le français?
3 Parlez-vous une autre langue?
4 Préférez-vous danser ou chanter?
5 Jouez-vous d'un instrument de musique?
6 Écoutez-vous de la musique Heavy Metal?
7 Regardez-vous souvent la télévision?
8 Quels sports aimez-vous?
9 Achetez-vous beaucoup de vêtements?
10 Mangez-vous souvent au restaurant?

À vous de poser les questions. *Your turn to ask the questions.*

11 – _____?
– Je parle deux langues, l'anglais et le français.
12 – _____?
– Je joue du violon depuis que j'ai huit ans.
13 – _____?
– Oui, j'aime mon travail, c'est intéressant.

Questions de connaissances générales. *General knowledge questions.*

14 Où habite le Président de la France?
15 De quel instrument de musique jouent Nigel Kennedy et Sarah Chang?
16 Combien de langues parle une personne trilingue?

BILAN

Maintenant vous pouvez parler de beaucoup d'activités de tous les jours, dire ce que vous aimez et ce que vous n'aimez pas et dire depuis combien de temps vous étudiez le français, vous travaillez, vous pratiquez un sport, etc.

9
Neuvième unité

OBJECTIFS

Faire *(to do, to make)*. More **–er** verbs. Negatives. Direct object pronouns **le**, **la**, **l'**, **les**. House and home. Family relationships. Making a B&B reservation.

1 Complétez les phrases. *Complete the sentences.*

Pense-bête!

Revise the conjugation of **faire** before you start.

1 – Vous _____ *(faire)* les devoirs?
– Non, nous _____ *(bavarder)*.
2 – Que _____ -vous *(faire)* les enfants?
– Nous _____ *(jouer)* au rugby.
3 – Tu _____ *(faire)* la cuisine, Maman?
– Oui, je _____ *(faire)* un gâteau.
4 – Qu'est-ce que vous _____ *(faire)* l'été?
– Nous _____ *(faire)* du vélo.
5 – Qu'est-ce que tu _____ *(faire)* pendant les vacances?
– Je _____ *(faire)* du ski.

6 Et les enfants, qu'est-ce qu'ils _____ *(faire)* aujourd'hui?
Odile _____ *(faire)* de la voile et les jumeaux _____ *(jouer)* au foot.

2 Regardez le questionnaire ci-dessous. Vous êtes Dominique. Dites ce que vous aimez et ce que vous n'aimez pas faire. *Look at the questionnaire. You are Dominique. Say what you like and don't like doing (use* jouer *or* faire *accordingly).*

Pense-bête!

Use **jouer au** with games.

Use **faire de** with the other sports, ie use **du** + *masc.*, **de la** + *fem.* and **de l'** with sports starting with a vowel or **h** aspirate.

NOM: Deneuve	PRENOM: Dominique			
adore	aime	n'aime pas	déteste	
		X		
	X			
X				

adore	aime	n'aime pas	déteste	
		X		
			X	
	X			
	X			
		X		
		X		
X				

3 Votre partenaire Claude aime jouer au tennis, faire du vélo et faire du jogging. Il/Elle adore la planche à voile, la natation et le ski mais il/elle n'aime pas l'aérobic, le foot et le golf. Trouvez 5 sports où vous êtes d'accord. *Find 5 sports where you and Claude agree about what you like and dislike.*
Start with Nous . . .

4 Dites le contraire. *Say the opposite.*

1 La grand-mère tricote.
2 Jules et Jim ne font pas les devoirs.
3 Les filles envoient des SMS.
4 Annette ne fait pas d'omelette.
5 Les enfants font du bruit.
6 Élisabeth et Catherine ne jouent pas au tennis.
7 Alain regarde la télévision.
8 Maryse ne fait pas de vélo l'été.
9 Il écoute une chanson de Taylor Swift.
10 Elles font du ski.

5 Regardez l'arbre généalogique de la famille d'Antoine et de Jeanine et complétez les phrases. *Look at the family tree and complete the sentences.*

Antoine = Jeanine

Paul = Roberte   Sandrine = Bernard

Olivier   Thérèse   Charles   Damien   Evelyne

1 Jeanine est la _____ d'Olivier.
2 Thérèse est la _____ de Sandrine.
3 Paul est l' _____ de Damien.
4 Evelyne est la _____ de Charles.
5 Olivier est le _____ de Thérèse.
6 Bernard est le _____ de Charles, de Damien et d'Evelyne.
7 Roberte est la _____ d'Olivier et de Thérèse.
8 Jeanine est la _____ de Bernard.
9 Paul est le _____ de Bernard.
10 Sandrine est la _____ de Thérèse.

6 Maintenant, répondez aux questions. *Now answer the questions.*

1 Bernard et Sandrine ont combien d'enfants?
2 Antoine a combien de petits-enfants?
3 Jeanine a combien de petites-filles?
4 Paul a combien de nièces?
5 Olivier a combien de cousins?
6 Comment s'appelle la belle-sœur de Bernard?
7 Comment s'appelle l'oncle d'Olivier?
8 Qui sont les beaux-parents de Bernard et Roberte?

7 Complétez le texte avec le vocabulaire ci-dessous. *Complete the text with the vocabulary below.*

demi-sœur	beau-père	remariée	mère
strict	demi-frère	mariage	divorcés

8 Que-font-ils? What are they doing?

BLA, BLA, BLA

Mes parents sont **1** _____ depuis six ans. J'habite avec ma **2** _____ . Elle est **3** _____ depuis deux ans. Mon **4** _____ est sympa mais un peu **5** _____ . Il a deux enfants de son premier **6** _____ . Emilie, ma **7** _____ , est adorable mais je déteste mon **8** _____ .

9 Lisez les descriptions des deux appartements et écrivez le nom des pièces sur les plans.
Read the descriptions of the flats and write the names of the rooms on the plans.

A

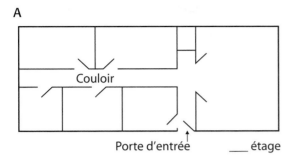

Couloir

Porte d'entrée   ___ étage

B

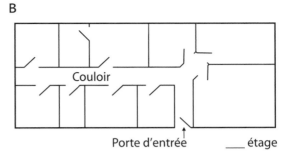

Couloir

Porte d'entrée   ___ étage

Appartement A

Notre appartement est au douzième étage. Heureusement qu'il y a un ascenseur! Nous avons une grande salle de séjour; elle est à droite en entrant. La cuisine est tout de suite à gauche. Les toilettes sont en face de la porte d'entrée. La salle de bains est entre la cuisine et le bureau. De l'autre côté du couloir, il y a deux grandes chambres. J'aime bien mon appartement mais je voudrais habiter une maison.

Appartement B

Mon appartement est au deuxième étage. Chez moi, il y a un grand salon à droite en entrant avec une salle à manger à côté. La cuisine est en face de la porte d'entrée. Malheureusement, elle est assez petite. L'ordinateur est dans le bureau qui se trouve en face du salon. À côté de la cuisine il y a une grande chambre avec une douche attenante. La deuxième chambre est en face et la chambre d'amis est à côté. La salle de bains est au fond du couloir en face de la chambre d'amis. Les toilettes sont entre la salle de bains et la petite chambre.

10 Décrivez l'appartement ci-dessous.
Describe the flat below.

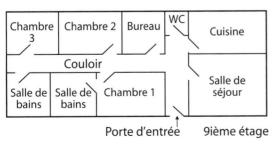

Chambre 3 | Chambre 2 | Bureau | WC | Cuisine
Couloir
Salle de bains | Salle de bains | Chambre 1 | Salle de séjour

Porte d'entrée   9ième étage

EXTENSION

a Il y a des erreurs. Trouvez les bons mots ci-dessous. *Choose the right words from the items below.*

canards • chambre • la radio • des bonbons • une souris • sœur
tracteur • poissons rouges • vin • les escargots • poules • bavarde
du chocolat • du lait • la télé • le portable • le ménage • l'aspirateur
du bricolage • du ski • pommes de terre • les poires • les infos • cidre
des devoirs • crêpes • un pull-over • une amie

Drôle de famille!

Au grenier, le chat attrape **1** *un saucisson*. Au premier étage Marlène est dans sa **2** *cage*. Elle téléphone a une **3** *ennemie.* Grand-mère tricote **4** *des spaghetti* et mange **5** *des cannelloni* en cachette. Au rez-de-chaussée, Madame Ziller regarde **6** *l'ordinateur* au salon. Monsieur Ziller passe **7** *le test* dans la salle à manger. Dans la cuisine, Jean-Marie épluche des **8** *pommiers* et Simon fait des **9** *devoirs* avec sa **10** *santé.* Ils écoutent **11** *le radiateur.* À la cave, l'oncle Marc goûte le **12** *vinaigre* nouveau. Dans la basse-cour tante Juliette donne à manger aux **13** *petits oiseaux.* Grand-père est dans le garage. Il répare le **14** *facteur.*

b Devinez. *Guess.*

1	Une demeure de prince ou princesse.	C _____
2	Où habitent les agriculteurs.	F _____
3	Lieu où on fait pousser les plantes fragiles.	S _____
4	Ici le vin se garde au frais.	C _____
5	Un endroit calme où on va au lit.	C _____
6	Pièce où on prépare les repas.	C _____
7	Petit logement qui n'a pas de jardin.	A _____
8	On y va pour assister à la messe.	E _____
9	Les volailles y sont en liberté.	B _____
10	Ici on garde des meubles, de vieilles photos, etc.	G _____

11 **Complétez la conversation pour réserver une chambre d'hôtes.** *Complete the conversation to make a B&B reservation.*

- Allô! 'L'Amandier', j'écoute!
- **1** *Say you'd like to reserve some rooms.*
- Oui, pour quelles dates?
- **2** *From the 1ˢᵗ to the 5ᵗʰ of October.*
- Et vous êtes combien de personnes?
- **3** *There are four of you: your partner and yourself, your son and your mother.*
- Alors, il vous faut trois chambres.
- **4** *Agree.*
- Voyons . . . Oui, j'ai des chambres libres.
- **5** *Ask if they have a bathroom.*
- La petite chambre n'a qu'une douche.
- **6** *It's fine, you'll take the three.*
- C'est à quel nom?
- **7** *Answer as requested.*
- Bien, c'est noté.
- **8** *Ask if they do evening meals.*
- Oui, mais à condition de demander à l'avance, le matin par exemple.
- **9** *Say that you'd like to eat the first evening.*
- D'accord. Quel est votre numéro de téléphone?
- **10** *It's your mobile number because you travel a lot.*
- Pas de problème!

12 **Lisez le texte et dessinez l'arbre généalogique de Gilbert (noms et âges).** *Read the text and draw Gilbert's family tree (names and ages).*

Je m'appelle Gilbert. J'ai quinze ans. J'ai une petite sœur, Estelle, qui a onze ans. Mes grands-parents paternels s'appellent Clarisse et Roger. Ils ont respectivement soixante-huit et soixante et onze ans. Ils sont à la retraite maintenant et ils font beaucoup de voyages. Je n'ai pas de 'vrais' grands-parents du côté de ma mère parce qu'elle a été adoptée. Elle s'appelle Diane et elle a trente-neuf ans. Elle est interprète. Elle parle couramment l'allemand et le russe. Mon père s'appelle Brice et il a quarante-cinq ans. Nous faisons tous du sport. Mes parents jouent au tennis, ma sœur fait du vélo et moi je joue au foot. Mes grands-parents jouent au golf. Nous avons un bateau et l'été nous faisons de la voile. Mon père a un frère jumeau qui s'appelle Marius. Il est marié avec Irène qui a le même âge que lui. Ma cousine Léa a dix-huit ans. Mon père a perdu son travail en 2017 et depuis il reste à la maison. C'est lui qui fait le ménage et qui prépare les repas. Miam-miam! Comme nous avons une grande maison avec beaucoup de chambres et qu'il fait très bien la cuisine, il a l'intention de faire des chambres d'hôtes. En plus, nous habitons dans une région magnifique. Je trouve que c'est une excellente idée!

13 **Relisez le texte et répondez aux questions suivantes.** *Read the text again and answer the following questions.*

1 Qu'est-ce que les parents de Brice font souvent?
2 Quel est le sport préféré de Clarisse et Roger?
3 Pourquoi est-il important que la mère de Gilbert parle d'autres langues que le français?
4 Quel membre de la famille fait de la bicyclette?
5 Que fait la famille l'été? Pourquoi?
6 Pourquoi le père de Gilbert ne travaille-t-il pas?
7 Qui fait le ménage dans la famille de Gilbert?
8 Pourquoi Gilbert aime-t-il la cuisine de son père?
9 Pourquoi le père de Gilbert a-t-il l'intention de faire des chambres d'hôtes?
10 Est-ce que Gilbert approuve ce projet?

14 Complétez avec **le**, **la**, **l'** ou **les**. *Complete with the correct direct object pronouns.*

1 Cécile aime beaucoup Pierre et Annie. Elle ___ voit souvent.
2 Je n'aime pas mon prof de maths. Je ___ trouve trop strict.
3 Il adore la radio. Il ___ écoute tous les jours.
4 Les enfants détestent les devoirs, mais ils ___ font régulièrement.
5 Je tricote un pull-over. Je ___ tricote pour mon petit-fils.
6 J'aime beaucoup ma belle-mère, je ___ trouve très gentille.

> ### Pense-bête!
>
> **le** is used to replace a masculine singular noun, **la** a feminine singular and **les** a plural noun.
>
> In French, pronouns come before the verb. If the verb starts with a vowel or an **h** aspirate, **le** and **la** become **l'**.

FOIRE AUX QUESTIONS

Questions perso. *Personal questions.*

1 Vous habitez dans une maison ou un appartement?
2 Quelles pièces y a-t-il au rez-de-chaussée?/Votre appartement est à quel étage?
3 Quelles pièces y a-t-il au premier étage?/Qu'est-ce qu'il y a comme pièces?
4 Qu'est-ce qu'il y a en face/à côté de votre chambre?
5 Où est-ce que vous faites vos devoirs de français?
6 Qu'est-ce que vous aimez faire le soir à la maison?
7 Avez-vous un jardin?
8 Avez-vous un garage/un grenier/une cave? Qu'est-ce qu'il y a dedans?

9 Qui fait la cuisine dans votre famille?
10 Avez-vous une grande famille?

À vous de poser les questions. *Your turn to ask the questions.*

11 _____ ?
   – Nous avons trois chambres.
12 _____ ?
   – Non, j'ai seulement une salle de séjour.
13 _____ ?
   – La salle de bains est en face de ma chambre.
14 _____ ?
   – Le bureau est au rez-de-chaussée.
15 _____ ?
   – Non, mon jardin est tout petit.

BILAN

Maintenant vous pouvez décrire votre famille et votre maison ou votre appartement et vous pouvez utiliser beaucoup d'expressions avec le verbe **faire**.

10
Dixième unité

OBJECTIFS

Weather and seasons. Hobbies.
More questions. Frequency adverbs.

1 Reliez les dessins aux phrases. *Link the pictures and the sentences.*

1 Il fait du vent.
2 Il fait chaud.
3 Il neige.
4 Il fait mauvais.
5 Il y a du brouillard.
6 Il fait froid.
7 Il pleut.
8 Il fait beau.
9 Il fait du soleil.
10 Il y a des nuages.

2 Reliez la liste A à la liste B. *Link list A and list B.*

Liste A

1 Il neige.
2 Oh là là! Il fait chaud.
3 Il fait du soleil.
4 Il fait beau.
5 Il fait du brouillard.
6 Il pleut.
7 Il y a beaucoup de vent.
8 Il fait moins 10 degrés aujourd'hui.

Liste B

a Où est mon parapluie?
b C'est très dangereux pour les bateaux.
c Restez à la maison. Il fait trop froid pour sortir.
d Attention en voiture, la visibilité ne dépasse pas 20 mètres.
e On a besoin d'un parasol et de lunettes noires.
f Oui, 35° à l'ombre, c'est beaucoup!
g Les enfants adorent ça, mais pas les personnes âgées.
h Allez jouer dans le jardin, les enfants.

EXTENSION 1

Donnez les équivalents anglais. *Give the English equivalents.*

1 Les récentes inondations ont fait beaucoup de victimes.
2 Moi j'ai peur des orages. Le tonnerre, les éclairs . . . quelle horreur!
3 La vague de froid dure depuis un mois.
4 La sécheresse est une calamité pour de nombreux pays d'Afrique.

5 Il y a beaucoup d'averses au printemps. En France on les appelle les giboulées de mars.
6 On prévoit de la grêle en Bourgogne. En août c'est mauvais pour le raisin!
7 Attention! Risque de verglas sur les routes dans le nord-est du pays.
8 La canicule est particulièrement dangereuse pour les personnes âgées et les jeunes enfants.

3 Mettez la conversation dans le bon ordre.
Put the conversation in the right order.
The first sentence is correct.

1 – Êtes-vous très occupé le dimanche?
2 – Ça fait vingt-cinq ans déjà.
3 – En général je regarde la télé.
4 – Et que faites-vous le soir?
5 – Quelles émissions préférez-vous?
6 – Et vous êtes à la retraite depuis longtemps?
7 – Non, rarement. Le matin je vais au marché et puis je bois l'apéritif au café du coin.
8 – Je préfère regarder le sport, surtout les courses automobiles. J'adore la formule 1.

4 Complétez avec les bons verbes. *Fill in the gaps with the correct verbs.*

1 Je _____ collection de cartes postales.
2 Il _____ un apéritif de temps en temps.
3 Ils _____ du ski tous les hivers.
4 Je _____ à la piscine une fois par semaine.
5 Nous _____ au Scrabble avec les enfants.
6 Vous _____ lire le journal?
7 Elle ne _____ pas souvent au cinéma.
8 Qu'est-ce que tu _____ à la radio?
9 Vous _____ des cigarettes ou vous vapotez?
10 Je n'_____ pas le poisson. Je n'en _____ jamais.
11 Ma fille _____ de l'équitation.
12 Nous _____ les mots croisés tous les jours.

5 Utilisez *on* pour parler de vos loisirs. *Use on to talk about your leisure activities.*

> ### Pense-bête!
>
> Although **on** can be the equivalent of **nous** (*we*), it follows the conjugation of the 3rd person singular, ie **il/elle.**

1 On _____ du skate.
2 On _____ de l'accordéon.
3 On _____ des BD.
4 On _____ beaucoup de textos.
5 On _____ des vidéos en ligne.
6 On _____ de la natation.
7 On _____ jouer au tennis.

8 On _____ la radio.
9 On _____ les livres de Maeve Binchy.
10 On _____ de la couture ou du crochet.

6 Reliez la liste A et la liste B pour complétez les phrases. *Complete the sentences by linking lists A and B.*

Liste A	Liste B
1 Il joue au foot	a tous les jours au travail.
2 J'écoute les informations	b parce qu'ils sont végétariens.
3 Ils ne font une promenade	c avec des amis au café.
4 On ne va pas à la messe	d elle reste toujours à la maison.
5 Elle envoie des cartes postales	e à la radio.
6 Tu préfères rester à la maison	f que quand il fait beau.
7 Ils ne mangent jamais de viande	g à ses copains.
8 Quand il pleut	h tous les dimanches.
9 J'utilise un ordinateur	i avec les voisins après l'école.
10 Il boit quelquefois l'apéritif	j ou aller au cinéma?

7 Regardez les notes ci-dessous et écrivez un paragraphe sur chaque personne. *Look at the notes below and write a paragraph about each person, including yourself.*

1 *Hughes*: aller au ciné (1 × par mois), manger au restaurant (régulièrement), regarder la télé (quelquefois), envoyer des SMS (souvent), utiliser l'ordinateur (tous les jours), aller à la messe (jamais).
→ Il _____ .

2 *Denis et Agnès Bouron*: jouer au tennis (rarement), boire l'apéritif (de temps en temps), faire du jardinage (jamais), faire de la natation (1 × par semaine), rester à la maison (souvent), fumer (jamais).
→ Ils _____ .

3 *Mon/ma partenaire et moi:* faire une promenade (tous les dimanches), faire du yoga (2 × par semaine), écouter la radio (tous les matins), jouer aux cartes (de temps en temps), aller au café (pas souvent), manger de la viande (jamais).
→ On _____ .

4 *Moi:* Dites ce que vous faites. Utilisez *souvent, quelquefois, de temps en temps, 1/2/3 × par . . ., rarement, tous/toutes les . . ., et jamais.*
→ Je _____ .

8 Ajoutez les verbes qui manquent. *Add the missing verbs.*

> ### Pense-bête!
> Remember to use the infinitive after verbs of liking, disliking and preference.

1 On aime bien _____ au cinéma.
2 Elle aime _____ les émissions de sport.
3 J'adore _____ la grasse matinée.
4 Ils n'aiment pas _____ à l'étranger.
5 Elle déteste _____ de nouveaux plats.
6 Les enfants détestent _____ les endroits touristiques.
7 Tu préfères _____ aux échecs, peut-être?
8 Il n'aime pas _____ dans un bureau.
9 Vous préférez _____ des textos ou des méls?
10 J'aime bien _____ du vin à table.
11 Ils adorent _____ des BD.
12 On aime _____ de la musique classique.

9 Lisez les textes A–G et trouvez . . . *Read texts A–G and find . . .*

1 une personne sportive
2 une personne qui n'aime pas rester chez elle
3 une personne qui mange du poisson régulièrement
4 une personne qui n'aime pas les nouvelles technologies
5 une personne qui travaille

A Je fais rarement des promenades. Je préfère utiliser ma voiture ou rester à la maison. J'adore regarder la télé, surtout le sport. Je préfère les sports dangereux, c'est plus intéressant!

B Dans mon métier on voyage très rarement, mais on utilise un ordinateur et le téléphone tous les jours. Communiquer avec les clients, c'est très important.

C Moi, je n'utilise jamais d'ordinateur ni de portable. D'ailleurs je n'en ai pas. Ça coûte très cher et à mon âge, c'est trop difficile de s'habituer.

D J'adore aller à la pêche, je trouve que c'est très relaxant. J'y vais tous les week-ends, même s'il ne fait pas beau. Ma femme adore manger du poisson, surtout les truites, mais malheureusement, moi je déteste ça!

E Je suis végétarien et je mange beaucoup de fruits et de légumes. Je n'aime pas la viande mais je mange du poisson deux ou trois fois par semaine. Je ne mange pas de sauces, pas de gâteaux ni de glaces et je ne bois jamais d'alcool.

F Je vais à la piscine deux fois par semaine sans exception et de temps en temps je fais une partie de golf. Je fais beaucoup de promenades à pied ou en vélo et l'hiver je fais du ski.

G Je voyage très souvent. J'ai beaucoup d'amis dans toutes les régions de France et j'aime bien leur rendre visite. Je vais aussi à l'étranger cinq ou six fois par an.

10 Lisez le texte et répondez vrai ou faux. Corrigez les erreurs. *Read the text and answer true or false. Correct the mistakes.*

Je m'appelle Amandine et j'adore les serpents! Je m'intéresse aux serpents depuis que j'ai cinq ans, après une visite au zoo. Je fais collection de reptiles sous toutes les formes: bracelets, posters, céramiques, etc. Je suis très heureuse parce que Hugo, mon partenaire, partage ma passion et nous avons maintenant huit serpents vivants dans notre petit appartement – des boas, des pythons et des couleuvres, qui mesurent entre 1,20 et 2 mètres de long. Nous avons transformé la chambre d'amis en chambre de serpents. Il fait environ 30 degrés dans la pièce. Les serpents mangent des souris, des rats et des gerbilles, donc nous en avons aussi un grand nombre. Heureusement qu'ils se reproduisent vite! Les serpents ne sont pas agressifs. Il y a beaucoup de races magnifiques. C'est un vrai plaisir de les regarder et de les toucher. Ils sont très beaux et très doux. Je trouve que les bébés sont particulièrement mignons!

1   Amandine s'intéresse aux serpents depuis cinq ans.

2   Elle collectionne les serpents sous des formes variées.
3   Elle a maintenant de vrais serpents chez elle.
4   Hugo aime aussi les serpents.
5   Elle préfère les petits serpents.
6   Les serpents aiment aller dans le lit des amis.
7   Les serpents préfèrent avoir chaud.
8   Amandine et Hugo ont d'autres animaux dans leur appartement.
9   Ils ont beaucoup de rongeurs (souris, rats, etc.) parce qu'ils en ont besoin.
10 Amandine admire les serpents.
11 Elle n'aime pas toucher les serpents.
12 Amandine aime beaucoup les jeunes serpents.

Pense-bête!

Revise the French alphabet before you start.

EXTENSION 2

Trouvez les équivalents en 'vrai' français des SMS ci-dessous. *Find the 'real' French equivalents to the text messages below.*

. . . . SONIA	. . . . JOJO	. . . . KRIS	. . FANFAN . . .
RDV o café.	C kel film?	Ds 10 mn.	A kel eur?
Retour — Choix	Retour — Choix	Retour — Choix	Retour — Choix
. . . SYLVIE . . .	. . . . DAN	. . . JAMAL . . .	. . . . MAX . . . .
Tu fé koi ojrdui?	Jtm	Jvé o 6né	C 1portan.
Retour — Choix	Retour — Choix	Retour — Choix	Retour — Choix
. . . . MARIE	. . . . JIM	. . . . LULU	. . CHACHOU . .
Bon iD.	Jsé pa.	T O Q P 7 semN?	ApL moi stp.
Retour — Choix	Retour — Choix	Retour — Choix	Retour — Choix

1   À quelle heure?
2   Bonne idée.
3   Appelle-moi s'il te plaît.
4   Tu fais quoi aujourd'hui?
5   Je ne sais pas.
6   Rendez-vous au café.
7   Tu es occupé(e) cette semaine?
8   Dans dix minutes.
9   C'est quel film?
10 Je vais au cinéma.
11 C'est important.
12 Je t'aime.

FOIRE AUX QUESTIONS

Questions perso. *Personal questions.*

1 Aimez-vous aller à l'étranger?
2 Quels sont vos passe-temps préférés?
3 Faites-vous collection de timbres?
4 Allez-vous quelquefois au pub?
5 Combien de fois par an allez-vous au cinéma/au théâtre/au concert?
6 Invitez-vous souvent des amis à dîner?
7 Qu'est-ce que vous aimez lire?
8 Est-ce que vous écoutez souvent la radio?
9 Quelle sorte de musique aimez-vous écouter?
10 Qu'est-ce que vous aimez faire quand il fait beau?
11 Quelle est votre saison préférée? Pourquoi?

À vous de poser les questions. *Your turn to ask the questions.*

12 _____ ?
Ça fait maintenant cinq ans que je suis à la retraite.
13 _____ ?
Nous jouons au bridge une fois par mois.
14 _____ ?
Mes passe-temps? J'adore lire et faire du cheval.
15 _____ ?

En général, le samedi soir je vais au cinéma ou au restaurant et le dimanche je reste à la maison.

BILAN

Maintenant vous pouvez parler du temps, des saisons et de vos passe-temps. Vous pouvez dire ce que vous aimez faire et ce que vous n'aimez pas faire et si vous faites souvent certaines activités.

11
Onzième unité

Household routine. Times, quantities and prices. Days and months.
More expressions with **faire**. Indirect object pronouns **lui** and **leur**.

1 Mettez les heures dans l'ordre chronologique.

1 Il est dix heures.
2 Il est dix heures vingt-cinq.
3 Il est dix heures moins le quart.
4 Il est dix heures cinq.
5 Il est dix heures moins dix.
6 Il est dix heures et demie.
7 Il est dix heures moins vingt.
8 Il est dix heures et quart.
9 Il est dix heures moins vingt-cinq.
10 Il est dix heures dix.

2 Quelle heure est-il ?

Pense-bête!

When you give the time in French, always say **heure(s)**, except for **midi** and **minuit**.

EXEMPLE: – Il est cinq heures moins dix.

3 Reliez la liste A à la liste B pour compléter les phrases.

Liste A
1 Quelquefois je rencontre
2 Je fais
3 Je quitte
4 Je bavarde
5 Je passe
6 Je fais les courses
7 Je déjeune
8 Je commence
9 Je rentre
10 Je prépare

Liste B
a chez moi vers six heures.
b l'aspirateur.
c la vaisselle.
d à midi et demi.
e le petit déjeuner.
f mon travail à neuf heures.
g avec des amies.
h des amies.
i au supermarché.
j la maison à neuf heures.

4 Faites les anagrammes des tâches ménagères pour compléter les phrases.

1 Je fais le DANJIGARE quand il fait beau.
2 Les enfants ne TRENGAN jamais leurs affaires.
3 Où faites-vous vos RESCUSO le week-end?
4 Elle fait la SIEVELS le lundi.
5 Ma femme déteste faire la LISEVELAS.
6 Mon mari adore faire la SINUCIE.
7 C'est mon fils qui passe l'ERIPATURAS.
8 Ma fille aime bien ESPRESAR.

5 Mettez les mots dans le bon ordre pour faire des phrases correctes.

1 par fois je une lessive fais la sem aine

2 aiment la mes vaisselle n' faire enf ants pas

3 maison jamais ne la range elle

4 déteste moi repasser je

5 pas jours l' ne tous aspirateur je passe les

6 ne lit fille fait ma jamais son

7 amies avec des bavarde je

6 Mettez le dialogue à la crémerie dans le bon ordre. La première phrase est correcte.

1 Bonjour madame, vous désirez?

2 Voilà, c'est tout?

3 Un paquet de quatre, s'il vous plaît.

4 Je voudrais un camembert.

5 Oui, combien en voulez-vous?

6 Oui, ça fait combien?

7 Je voudrais aussi des yaourts nature.

8 Bien, et avec ceci?

7 Mettez les produits ci-dessous dans les bons magasins.

des rillettes • du gruyère • un camembert un éclair au chocolat • des champignons • un chou-fleur • des côtelettes d'agneau • des yaourts • du beurre • des carottes • un rôti de bœuf • des pommes • une tarte aux fraises • un fromage de chèvre • des œufs • du raisin • un pamplemousse • un mille-feuilles • du lait • des pommes de terre • un saucisson sec • une baguette • des bananes • de la crème fraîche

Coin info

La majorité des Français font leurs courses dans les supermarchés ou dans les hypermarchés situés sur les boulevards périphériques, et le nombre de personnes qui font leurs achats en ligne augmente progressivement. En ville, les gens préfèrent encore aller dans les petits magasins de quartier pour acheter des aliments plus frais à la boulangerie, à la boucherie et à la poissonnerie. Hors des villes, de plus en plus de gens font leurs achats en ligne pour profiter des **livraisons à domicile***.

Les marchés sont toujours très populaires et on y trouve de tout: des fruits et des légumes, du fromage et les spécialités de la région, ainsi que des vêtements et beaucoup d'autres choses. Il y a un marché dans la plupart des villes une ou deux fois par semaine. C'est l'endroit idéal pour pratiquer votre français.

Quand vous faites du shopping en France, n'oubliez pas que de nombreux magasins ferment à l'heure du déjeuner, entre midi et quatorze heures.
* *home deliveries*

8 Trouvez la lettre qui manque à chaque groupe de 3 mots pour obtenir le nom d'un fruit qui se mange l'été.

-leur		-ue	-rmoire
-raise	→	-oi	-mi
-roid		-oute	-raignée

-ère	-oîte	-range
-orceau	-ar	-mbre
-ari	-ouche	-live

-ci	-anté	-scalier
-dée	-oir	-rreur
-talien	-ortie	-nvie

Boulangerie	**Crémerie**	**Boucherie**	**Marchand de primeurs**

9 **Que dit le boucher? Utilisez les mots et phrases ci-dessous.**

Soixante-quatre euros cinquante • Voilà, ça sera tout • Merci • Vous désirez • Bonne journée • Et avec ça

— 1 _____ ?
— Je voudrais un rôti de bœuf.
— 2 _____ ?
— Six côtelettes d'agneau.

— 3 _____ ?
— Oui, merci. Ça fait combien ?
— 4 _____ .
— Voilà.
— 5 _____ .
— Au revoir.
— 6 _____ !

10 **Vous êtes le/la client(e) chez le marchand de primeurs. Demandez:**

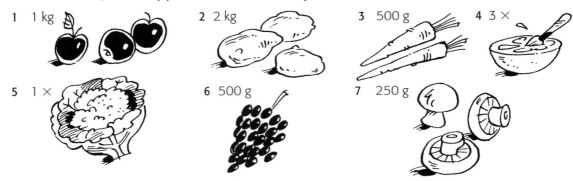

1 1 kg
2 2 kg
3 500 g
4 3 ×
5 1 ×
6 500 g
7 250 g

11 **Reliez A, B et C pour faire votre liste de shopping.**

A	B	C
une tarte		champignons
une douzaine		chocolat
un fromage		fruits
un kilo	**de**	roquefort
un rôti	**d'**	agneau
un éclair	**des**	œufs
des yaourts	**au**	rillettes
une tranche	**aux**	pommes
du beurre		chèvre
un pot		bœuf
une côtelette		Charentes
150 grammes		fraises

EXTENSION

Trouvez les fruits.

1   Il ressemble à la pêche, mais il est plus petit et de forme ovale. Sa chair et sa peau sont jaune orangé. Il se mange frais, sec, en confiture et en compote. Il est excellent pour la santé.

2   Gros fruit tropical qui porte une touffe de feuille à son sommet et dont la pulpe est sucrée et très parfumée. Il pèse entre cinq cents grammes et deux kilos. On en trouve beaucoup à la Martinique et en Côte d'Ivoire. On l'achète frais ou en boîte.

3   Petit fruit rond, en général rouge, que les oiseaux adorent. Il est à la base de nombreuses liqueurs et alcools comme le kirsch et le marasquin. Les enfants aiment les porter en boucles d'oreilles.

4   Fruit rouge que, traditionnellement, on mange avec de la crème pendant le tournoi de tennis de Wimbledon. On l'utilise pour faire des tartes, de la confiture, des glaces et des sorbets.

5   Fruit qui vient en général d'Espagne ou du Maroc. Plus petit qu'un pamplemousse, son nom est aussi celui d'une couleur entre le jaune et le rouge. Son jus est très populaire et il est utilisé dans une célèbre recette de canard. Autrefois, c'était le cadeau de Noël des enfants pauvres.

6   Fruit exotique, long et légèrement recourbé, il mesure environ vingt centimètres. Quelquefois on le mange flambé en dessert. C'est délicieux! On l'épluche très facilement avec les mains mais attention, sa peau, qui est jaune, est très dangereuse quand elle est par terre.

7   Fruit d'origine chinoise, d'abord appelé groseille de Chine, il a la peau brune et la chair verte. Il est très riche en vitamines et en minéraux. Il a le même nom qu'un oiseau de Nouvelle-Zélande qui ne peut pas voler.

8   Eve a offert ce fruit défendu à Adam qui a désobéi et l'a croqué - selon la tradition chrétienne, c'est la raison pour laquelle ils ont été chassés du paradis terrestre tous les deux. Un dicton anglais recommende d'en manger une chaque jour.

---

12 Complétez avec **lui** ou **leur**.

1   Ma mère habite loin de chez nous. Je _____ téléphone chaque semaine.

2   Il y a beaucoup de touristes à Versailles. Le guide _____ montre le palais et les jardins. Les touristes _____ posent beaucoup de questions.

3   Les invités arrivent à la réception. On _____ offre l'apéritif.

4   Notre labrador a toujours faim. Nous _____ donnons un os régulièrement.

5   Les étudiants visitent Montréal. Le professeur _____ explique l'histoire du Québec.

13 Complétez avec *de* ou *d'* et traduisez en anglais.

1   Il y a beaucoup ___ vin.
2   Il y a assez ___ nourriture.
3   Il y a trop ___ huile.
4   Je n'ai pas assez ___ argent.
5   Ils ont beaucoup ___ enfants.
6   J'ai trop ___ travail.
7   Il y a beaucoup ___ vaisselle.
8   Il n'y a pas assez ___ lits.
9   Il y a trop ___ pain.
10 Ils n'ont pas beaucoup ___ argent.

14 Quel est le jour de la semaine qui manque?

IMASED – RADIM – DERNIVED – EDUJI – DUNIL – HICDAMEN

15 Écrivez les dates.

EXEMPLE: le 27-3 = le vingt-sept mars

1	le 29-2	5	le 1-5
2	le 18-6	6	le 17-10
3	le 1-4	7	le 4-9
4	le 15-8	8	le 22-3

Coin info

En France, presque tous les jours de l'année ont un nom de Saint ou de Sainte. Par exemple, la **Saint Valentin** est le 14 février, la **Saint Georges** est le 23 avril et la **Sainte Catherine** le 25 novembre. C'est aussi pour cette raison que l'on appelle le dernier jour de l'année, le 31 décembre, la **Saint Sylvestre**. Les calendriers indiquent aussi les fêtes chrétiennes (par exemple la Toussaint, le 1er novembre), le début des saisons, et les dates d'importance historique comme le 14 juillet, l'anniversaire de la Révolution, et l'Armistice du 11 novembre, etc. On trouve la plupart des prénoms chrétiens dans les calendriers (voir *Façon de Parler 1* page 159). Si votre prénom est dans le calendrier, cette date est le jour de votre Fête. La famille et les amis vous diront **Bonne Fête!**

16 Débrouillez les deux conversations.

1 Pardon, madame, je ne voudrais pas être indiscrète, mais quelle est la date de votre anniversaire?

2 Six. Voyons . . . deux tartes aux prunes, deux mille-feuilles et deux éclairs au chocolat.

3 Je m'appelle Martine. La sainte Martine est fin janvier, le 30 exactement.

4 Alors, au café.

5 Oui madame. Combien en voulez-vous?

6 Je voudrais des gâteaux.

7 Heureux anniversaire alors! Et votre fête, c'est quand?

8 Je suis désolée, je n'ai plus d'éclairs au chocolat. Au café?

9 C'est aujourd'hui, c'est le 18 avril.

17 Monsieur Couderc se présente. Lisez le texte.

Je m'appelle Valentin Couderc. Je suis né en mille neuf cent soixante-dix-huit. Mon anniversaire c'est le vingt-quatre octobre. Je suis marié depuis trois ans. Je me suis marié au mois de juin, le seize juin. Je suis en vacances au mois d'août. En général je passe quinze jours en Bretagne. Cette année, je pars du deux au seize. S'il fait beau, je vais à la plage tous les jours. J'aime bien faire de la natation, jouer au golf et manger au restaurant. De plus, tous les ans je prends une semaine de vacances à Noël. J'aime aller dans un pays où il fait chaud, où il y a du soleil. À Pâques je passe une semaine dans les Alpes. Je fais du ski depuis que j'ai sept ans. J'adore ça!

Quelqu'un parle de Monsieur Couderc. Corrigez les erreurs dans les phrases ci-dessous.

1 La fête de Monsieur Couderc est le 4 février.

2 Il part en vacances deux fois par an.

3 Il reste un mois en Bretagne.

4 Il va en Bretagne à Pâques.

5 Il va aux sports d'hiver à Noël.

6 Il fait du ski depuis mille neuf cent quatre-vingt.

7 Son anniversaire de mariage est le 6 juin.

8 Cet été il part en vacances fin août.

9 Il aime l'équitation et le tennis.

10 Aujourd'hui c'est le 24 octobre, alors on dit 'Bonne fête!' à Monsieur Couderc.

18 Reliez les questions et les réponses.

1 Faites-vous souvent la cuisine?

2 Quand faites-vous les courses?

3 Repassez-vous quelquefois?

4 Faites-vous la lessive toutes les semaines?

5 Faites-vous la vaisselle tous les soirs?

6 Que faites-vous le dimanche matin?

7 Travaillez-vous?

8 À quelle heure commencez-vous?

a Non, heureusement, j'ai un lave-vaisselle.

b Je commence à midi.

c Oui, mais seulement à mi-temps.

d Oui, le lundi.

e Non, jamais. Je déteste repasser.

f Le samedi nous allons au supermarché.

g Ah oui, je prépare le dîner tous les soirs.

h En général, je fais le jardinage.

FOIRE AUX QUESTIONS

Questions perso.

1 Qui prépare le petit déjeuner chez vous?

2 Est-ce que vous travaillez? Donnez des détails.

3 Comment passez-vous une journée en semaine?

4 Qui fait le ménage chez vous?

5 Vous faites toujours vos courses au supermarché?

6 Où mangez-vous le midi?

7 Vous dînez à quelle heure?

8 Quelles fêtes célébrez-vous?

9 Quand prenez-vous vos vacances?

10 Vous avez combien de jours/de semaines de vacances?

À vous de poser les questions.

11 _____?
En général une heure, de midi à une heure.

12 _____?
Je mange un sandwich au bureau, mais de temps en temps je rencontre une amie dans un café.

13 _____?
Le samedi, et quelquefois je passe au supermarché après le travail.

14 _____?
Je quitte le bureau à six heures.

15 _____?
Si je ne fais pas de courses, je suis chez moi à six heures et demie.

BILAN

Maintenant vous pouvez demander et donner l'heure, parler du travail à la maison et faire les courses. Vous pouvez parler des jours de la semaine, des mois et des dates importantes.

12
Douzième unité

OBJECTIFS

> Going to the seaside. Buying train tickets. Enquiring about places to visit at a tourist office. Opening times. Present tense of **–re** verbs.

1 Cochez les réponses possibles.

1 je défends
   j'entends
   je prends   le bus
   je comprends
   j'attends

2 nous perdons
   nous prenons
   nous vendons   le boulevard
   nous descendons
   nous pendons

3 elles comprennent
   elles suspendent
   elles vendent   le français
   elles apprennent
   elles mordent

4 il répond
   il ne comprend pas
   il vend   la question du prof
   il entend
   il attend

2 Complétez les phrases avec *prendre*.

Pense-bête!

Conjugation of **prendre** and verbs incorporating **prendre**:

je prends	nous prenons
tu prends	vous prenez
il/elle/on prend	ils/elles prennent

1 À quelle heure _____-vous le petit déjeuner?
2 Tu _____ du café ou du thé?
3 Mon partenaire et moi _____ seulement un jus de fruit.
4 Moi, je _____ toujours du lait demi-écrémé.
5 Mon petit frère _____ du lait de chèvre.
6 Les jeunes ne _____ jamais de petit déjeuner à l'anglaise.
7 Et vous, qu'est-ce que vous _____ au petit déjeuner?
8 Nous, on _____ seulement du chocolat chaud.

3 Complétez les mini-dialogues avec *attendre*.

Pense-bête!

Conjugation of **–re** verbs
(attendre, descendre, entendre, répondre, vendre):

je vends	nous vendons
tu vends	vous vendez
il/elle/on vend	ils/elles vendent

– Tu **1** _____ le train depuis longtemps?
– Oui, je l' **2** _____ depuis une heure.
– Quel bus **3** _____-vous?
– Le bus pour Stansted.
– Nous aussi, nous l'**4** _____ depuis une demi-heure!

– Ce monsieur-là, il **5** _____ le car pour Heathrow. Et les dames là-bas
l' **6** _____ depuis une heure.
– Oh là là, il vaut mieux prendre un taxi!

4 Maintenant refaites les exercices 2 et 3 sans regarder le Pense-bête.

5 Mettez les phrases au singulier.

EXEMPLE: Nous ne comprenons pas. → Je ne comprends pas.

1 Vous vendez du pain? → Tu . . .
2 Ils ne perdent pas de temps. → Il . . .
3 Nous prenons le métro.
4 Vous descendez à Pasteur ou à Montparnasse?
5 Ils n'entendent pas.
6 Ne répondez pas!
7 Nous attendons le bus.
8 Qu'est-ce qu'elles vendent?
9 Vous apprenez le russe?
10 Les chiens de Loïc ne mordent pas.

6 Maintenant regardez la solution et remettez les phrases au pluriel.

7 Reliez les questions aux réponses.

1 Où est-ce que nous descendons? a Non, la radio marche.
2 Est-ce que vous vendez des légumes? b Un kir et une grenadine.
3 Qu'est-ce que vous prenez comme boisson? c Le bus pour l'aéroport.
4 Qu'est-ce qu'elles attendent? d Devant le centre commercial.
5 Pourquoi ne répond-il pas? e Il préfère les douches.
6 Vous entendez le téléphone? f Non, j'apprends le portugais.
7 Il prend un bain? g Il ne parle pas anglais.
8 Tu apprends l'espagnol? h Seulement en boîtes.

8 Complétez le dialogue avec _attendre_, _comprendre_, _entendre_ ou _apprendre_.

– Je ne **1** _____ pas pourquoi l'avion est en retard.
– Tu sais, on **2** _____ les derniers passagers.
– Les employés ici parlent italien. Vous **3** _____?
– Malheureusement non. Je ne **4** _____ pas très bien.
– Mais vous **5** _____ l'italien n'est-ce pas?
– C'est vrai. Je l' **6** _____ depuis deux ans. Mais l'accent est difficile et j' **7** _____
mal quelquefois.
– Tout le monde **8** _____ mal maintenant! Il y a tellement de bruit partout!

EXTENSION

Faites les mots croisés du bord de la mer.

Un dauphin

Verticalement

1 Homme qui attrape des poissons.
2 Mammifère marin intelligent et sympathique.
3 Les enfants le construisent sur la plage avec du sable.
4 Avec une voile, elle avance sur l'eau poussée par le vent.
5 Délicieuse à manger quand il fait chaud.
6 Mouvement de la mer qui permet le surf. Elle existe aussi, en version espagnole, dans les stades de foot.
7 Animal qui vit dans la mer, les rivières, les lacs et les aquariums.

Horizontalement

1 Quand on pêche ce crustacé, attention à ses pinces! En plus, il ne marche pas droit.
2 Plante aquatique.
3 Animal marin carnivore à cinq branches.
4 On le porte sur la tête pour se protéger du soleil.
5 Vêtement qu'on met à la piscine ou pour prendre des bains de mer.
6 Sorte de grand parapluie qui protège du soleil.
7 Haute tour surmontée d'une grosse lanterne qui aide les marins la nuit.

9 Corrigez les erreurs de traduction dans la version anglaise des dépliants de l'Office de Tourisme.

L'Abbaye Royale de Fontevraud

Gratuit pour les moins de 18 ans. Accès partiel et gratuit pour les personnes à mobilité réduite.
L'Abbaye est fermée à la visite du 1er au 25 janvier.
Horaires: Hors saison: 9h30–18h00 (novembre–mars)
En saison: 9h30–19h00 (avril–septembre)
Groupes sur rendez-vous. Réservation obligatoire.

The Royal Abbey of Fontevraud
Free for under 18s. Small fee for disabled access.
The Abbey is closed to visitors from 1st to 25th January.
Opening times: Out of season: 9.30 am–8.00 pm.
In season: 9.30 am–7.00 pm.
Groups welcome. No booking necessary.

Brézé

Le château est ouvert:

10h–18h sans interruption: En février, mars, octobre, novembre, et décembre sans interruption.

10h–18h30: En avril, mai, juin, et septembre

10h–19h: En juillet et août
Les visites guidées durent 50 min en moyenne.

Le parking ferme 30 minutes après les horaires indiqués ci-dessus.

Téléchargez le PDF

Brézé

The castle is open:

10 am to 6 pm continuously: February, May, October, November and December.

10 am to 6.00 pm: April, May, June and September

10 am to 7.00 pm: July and August
Guided tours last around 50 minutes.

The car park closes 30 minutes before the times shown above.

Download the PDF

Visite de Saumur en calèche
Départs à 9h30 du château.

Du 15 juin au 15 octobre: lundi, mercredi, vendredi et samedi sur réservation.

Durée: 2h30.

Capacité de la calèche: 12 places.

Pique-nique possible sur commande.

Animaux non acceptés.

Visit Saumur in a horse-drawn carriage
Departures at 9.30 am from the tourist office.

From 15th June to 15th October: Monday, Tuesday, Friday and Saturday without reservation.

Duration: 2 and a half hours.

Carriage capacity: 12 horses.

Picnic included.

Pets welcome.

Coin Info

L'Abbaye Royale de Fontevraud et le Château de Brézé sont deux des nombreuses attractions touristiques à proximité de la ville historique de Saumur dans le Maine et Loire (49).

L'Abbaye Royale de Fontevraud, fondée en 1101, a été le plus grand complexe monastique d'Europe. 36 abbesses ont dirigé cet ordre mixte de moines et de religieuses jusqu'à la Révolution française. Aliénor d'Aquitaine, le roi Henri II Plantagenêt et son fils Richard Cœur de Lion y sont enterrés dans la magnifique église. Les trois cloîtres, les uniques cuisines romanes du XIIème siècle et les jardins médiévaux sont preuves de son importance passée. Elle a été utilisée comme prison de 1804 à 1963. Aujourd'hui c'est un centre culturel où l'on organise des concerts, des spectacles, et des séminaires.

Le Château de Brézé est en fait composé de deux châteaux superposés. En surface, c'est une splendide résidence Renaissance encore habitée aujourd'hui. La propriété possède des vignobles, produit son propre vin et organise des dégustations. Sous ce château il y a un site troglodytique exceptionnel de plus d'un kilomètre de long avec un château souterrain qui date du 11ème siècle. La vie en sous-sol – ou troglodytisme – a été pratiquée dès la fin du Moyen-Age et il reste aujourd'hui environ 1000 kilomètres de galeries dans la région. Beaucoup sont ouvertes aux touristes: caves à vins, champignonnières, musées, galeries d'art, villages, restaurants, etc.

10 Complétez les renseignements des dépliants touristiques.

Le Château est (**1**) _____ à la visite.

Avril – mai – septembre – octobre:

Tous les jours (**2**) _____ le mardi, de 10h à 12 h et de 14h à 18h.

Juin – juillet – août:

Tous les jours de 10h à 18h.

Dernière entrée une heure avant la (**3**) _____ du site.

Caves – Visite et dégustation

Ouvert tous les jours sans (**4**) _____ .

De 8h30 à 18h, du mois de juin à septembre (**5**) _____ .

Dernière visite 45 mn avant fermeture.

Le reste de l'année, tous les jours sur (**6**) _____ .

Village troglodyte

VISITE: Français, English, Deutsch, Español

- (**7**) _____ 1er avril (**8**) _____ 1er novembre: tous les (**9**) _____ de 9h30 à 19h.
- En novembre, février et mars: les samedis, dimanches, jours (**10**) _____ et vacances scolaires locales de 14h à 18h.
- En décembre et janvier (**11**) _____ .

GROUPES: réservation (**12**) _____ .

11 Mettez les phrases dans le bon ordre.

1 – Je peux vous donner quelques dépliants si vous voulez.
2 – Ah, très bien. Merci.
3 – Le château-musée? Ah non, c'est très facile. En sortant de l'Office de Tourisme vous tournez à droite. Vous descendez la grande rue . . .
4 – Alors je descends la grande rue . . .
5 – Merci monsieur . . . Mmm . . . le château est loin d'ici?
6 – Madame, qu'y a-t-il pour votre service?
7 – Je voudrais des renseignements sur Boulogne.
8 – Oui, jusqu'au bout. Le château est juste en face.

12 Débrouillez les deux conversations.

1 – Le musée est ouvert aujourd'hui?
2 – À six heures, monsieur.
3 – Et il arrive à quelle heure, monsieur?
4 – À dix heures je crois. Mais attention. Il ferme de midi à deux heures.
5 – Et il ferme à quelle heure le soir?
6 – À sept heures moins le quart.
7 – De quel quai?
8 – À dix-huit heures.
9 – Pardon madame, le prochain train pour Marseille part à quelle heure?
10 – Il ouvre à quelle heure?
11 – Oui, il est ouvert tous les jours sauf le mardi.
12 – Quai numéro 6.

FOIRE AUX QUESTIONS

Questions perso.

1 Entendez-vous la circulation en ce moment?
2 Est-ce que vous attendez quelqu'un ou quelque chose?
3 Est-ce que vous comprenez le gallois?
4 Est-ce que vous apprenez une autre langue étrangère?
5 Est-ce que vous perdez souvent vos clés, vos lunettes ou votre parapluie?
6 Vendez-vous quelque chose de temps en temps?
7 Qu'est-ce que vous faites quand vous apprenez une bonne nouvelle?
8 Prenez-vous souvent l'avion?
9 Qu'est-ce que vous avez perdu récemment?
10 Vous prenez votre café/thé avec ou sans sucre?

À vous de poser les questions.

11 _____ ?
– Le syndicat d'initiative se trouve à côté de la mairie.
12 _____ ?
– La poste ferme à dix-sept heures trente.
13 _____ ?
– Ah non, le château est fermé aujourd'hui.
14 _____ ?
– Le car part à huit heures et quart.
15 _____ ?
– Le trajet dure environ deux heures.

BILAN

Maintenant vous pouvez demandez des renseignements dans un Office de Tourisme et à la gare et acheter un billet de train. Vous pouvez aussi parler de votre expérience au bord de la mer.

13
Treizième unité

OBJECTIFS

Clothes and accessories. Describing what people are wearing.
Asking for what you want in clothes and shoe shops. Colours, patterns and prices.
Agreement of adjectives. Comparative.

1 Mettez les mots ci-dessous dans la bonne catégorie.

un pantalon, un chapeau, des bottes, un manteau, une robe, un débardeur, une veste, une ceinture, un tee-shirt, un foulard, un jean, des chaussures, un sac, des gants, une casquette, une parka, une chemise, un tailleur, une cravate.

Vêtements	Accessoires

2 Puzzle. Trouvez les neuf vêtements. Mettez **un** ou **une**:

TAIL	SURE	COS	BLOU	CHE
SON	TEAU	CHA	MI	TUME
PEAU	PAN	CHAUS	MISE	COURT
LEUR	MAN	CHE	TA	SIER

3 Calculs de couleurs. Que font . . .?

1   rouge + blanc =
2   jaune + bleu =
3   rouge + jaune =
4   noir + blanc =
5   bleu + rouge =

4 Ce sont quels drapeaux? Choisissez le bon pays.

République Tchèque   Allemagne   Italie   France   Irlande   Belgique

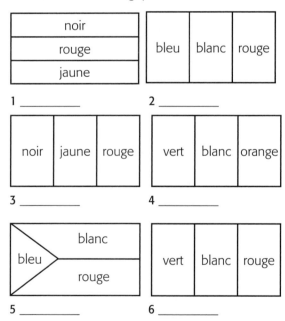

| noir |
| rouge |
| jaune |

1 _____

| bleu | blanc | rouge |

2 _____

| noir | jaune | rouge |

3 _____

| vert | blanc | orange |

4 _____

| bleu | blanc / rouge |

5 _____

| vert | blanc | rouge |

6 _____

Coin info

Vert has several homonyms:
le vair – type of squirrel fur, the original material Cinderella's slipper was made of.
un verre – *a glass*
un ver – *a worm*
vers – *towards*

5 Complétez avec la bonne forme de l'adjectif.

> ### Pense-bête!
> Like other adjectives, colours agree with the noun they qualify, with the exception of colours which are also objects, eg **orange**, or compounds, eg **vert foncé**.

1 une chemise de nuit (blanc) _____
2 des chaussures (noir)_____
3 une jupe (court) _____
4 un pantalon (rouge) _____
5 une veste (long) _____
6 des tennis (confortable) _____
7 des gants (vert clair) _____
8 des sandales (marron) _____
9 un soutien-gorge (rose) _____
10 une cravate (vert) _____
11 une parka (bleu marine) _____
12 des chaussettes (jaune) _____

6 Complétez.

> ### Pense-bête!
> Remember to use **à** to describe the pattern and **en** or **de** for the material a garment is made of.

1 une cravate

2 un costume

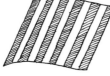

3 des bottes

4 une jupe

5 une veste

6 un manteau

7 Mettez les mots dans le bon ordre.

1 soie n' la soir en fille ma rose pas la du aime
2 au porter foncé ils pour bureau un préfèrent costume travailler
3 un aime tennis jean , un porter mon sweat à neveu et des capuche
4 pour un j' pantacourt et porter l' débardeur aime un aller au été restaurant
5 sont les qu' en je noir parce bottes elles cuir élégantes préfère plus
6 un à manches je angora pull en cherche courtes

8 Complétez les phrases avec les adjectifs ci-dessous. Donnez leur forme correcte.

ouvert • fermé • riche • cher • plein • court
sportif • calme • sale • droit • vieux

1 Avec la main gauche, pas avec la main _____ !
2 Il fait beau et la mer est _____ aujourd'hui.
3 Il n'a pas d'argent, il n'est pas _____ .
4 Il n'y a plus de pain et la boulangerie est _____ !
5 Je pense que les vacances sont trop _____ !
6 Si le supermarché est _____ , je vais acheter des bonbons.

7 Les Porsches sont des voitures _____ très _____ .

8 C'est une _____ maison; elle date du 16ᵉᵐᵉ siècle.

9 Chouette! La boîte est _____ de bonbons.

10 Après un match de foot, mes vêtements sont très _____ .

9 Complétez avec **ce, cette** ou **ces**, et avec **plus** ou **moins**.

1 _____ pantalon uni est _____ élégant que le pantalon à pois.

2 Elle n'aime pas _____ bottes en cuir verni. Elle les trouve _____ chic que celles en daim.

3 _____ sandales rouges me plaisent. Elles sont _____ légères et _____ chères que les noires.

4 Mon père préfère _____ cravate unie. Il la trouve _____ sobre que la cravate à fleurs.

5 Mon ami déteste _____ gants en coton. Ils sont _____ chauds et _____ confortables que les gants en cuir.

10 Complétez l'article d'un magazine de mode avec le vocabulaire ci-dessous.

> **chapeaux sport cuir coton fourrure trente tendres bottes sac vêtements veste soie**

> ## Transformez votre garde-robe!
> Changez l'ensemble classique – veste noire, chemise blanche et jean – à moindre frais. Les accessoires font toute la différence.
>
> Vos **1** _____ de base sont une **2** _____ en polyester, un chemisier en **3** _____ stretch et un jean en denim.
>
> ### Vous aimez le style garçon?
> En direct de l'univers du rock et du **4** _____, choisissez une casquette en tweed, un **5** grand _____ rouge en PVC, des bottes en **6** _____ noir, doublées de tissu écossais. À porter avec des bracelets multicolores.
>
> ### Vous préférez l'allure dandy?
> Inspirée par les trois mousquetaires, vous portez une ceinture en velours noir, **7** des _____ longues, une cravate lavallière ou un foulard en **8** _____ .
>
> ### Vous êtes romantique?
> Vous craquez pour les couleurs **9** _____ des années **10** _____ . Vous adorez les chaussures de satin, les **11** _____ cloche en feutre, et les capes en fausse **12** _____ .

11 Reliez la liste A à la liste B.

Liste A
1 Ce modèle vous plaît?
2 Vous faites quelle taille?
3 Celui-ci fait 85 euros.
4 Voulez-vous essayer la pointure au-dessus?
5 Je peux l'essayer?
6 Combien coûte cette robe gris foncé?
7 Elles sont en cuir?
8 Ces sandales vous plaisent?

Liste B
a Oui bien sûr, de qualité supérieure.
b 159 euros, madame.
c Oui, mais elles sont trop étroites.
d Mais certainement. La cabine est là.
e Non, je n'aime pas la couleur.
f Je fais du 46.
g S'il vous plaît.
h Vous avez quelque chose de moins cher?

12 Débrouillez la conversation.

1 Elle est mignonne, elle coûte combien?
2 Et vous avez une préférence pour la couleur?
3 Oui, quelle taille faites-vous, du 38?
4 Alors, dans les foncées, j'ai cette robe marron. . .
5 Elle fait 210 euros, madame.
6 C'est trop cher pour moi. Tant pis!
7 Je cherche une robe pour porter au travail.
8 Pas vraiment, mais je préfère une couleur foncée.
9 Non, je prends du 40.

13 Complétez le dialogue avec les verbes qui manquent.

> vouloir • essayer • être • avoir • aimer

– Je **1** _____ essayer les sandales bleu marine qui sont en vitrine.
– Quelle pointure?
– Je fais du 46, je/j' **2**_____ des grands pieds!
– Voilà, monsieur.
– Hum. . . Elles **3** _____ trop étroites!
– Voulez-vous **4** _____ un autre modèle?
– Non merci, je n' **5** _____ pas les autres.

14 Lisez les textes ci-dessous et répondez aux questions.

Cyril – *fonctionnaire*
Pour aller au travail, je porte un costume gris ou bleu marine avec une chemise unie blanche, rose ou bleu clair. Je préfère les cravates multicolores, de couleurs vives, à rayures ou à pois. Naturellement je porte des chaussures noires, en cuir verni. Le soir, quand je suis chez moi, je porte un jean, un T-shirt et des tongs.* Quand je vais chez des amis pour prendre l'apéritif ou pour dîner, je préfère mettre un pantalon, foncé l'hiver, blanc ou beige l'été, avec une chemise en soie assortie.
* *flip-flops*

Maybelle – *médecin*
Pour promener le chien, j'aime porter un jean, un tee-shirt ou un sweat et des chaussures confortables. Quand il fait froid, je mets une parka, un collant, des gants et un bonnet de laine. Quand je travaille au cabinet médical, je porte en général un tailleur ou un tailleur-pantalon, avec un chemisier uni ou à fleurs. Je n'aime pas les robes. Le soir, pour sortir, j'adore porter un pantacourt avec un joli pull ou une jupe longue avec un débardeur.

Jean-Philippe – *entraîneur*
Quand je travaille en plein air, je porte un jogging et des tennis. Quand il fait chaud ou que je suis dans une salle de gym, je suis en débardeur et en short. À la maison, j'aime porter un vieux jean avec un tee-shirt ou une vieille chemise à manches courtes. Si je dîne au restaurant, je mets un pantalon élégant, bien repassé, et une chemise rayée ou à carreaux, de préférence à manches longues, mais sans cravate – je déteste ça.

1 De quelle couleur sont les costumes que Cyril porte au bureau?
2 Quelle sorte de cravates préfère-t-il?
3 Qu'est-ce que Maybelle préfère porter au travail?
4 Que porte Jean-Philippe quand il ne travaille pas en plein air?
5 Est-ce que Maybelle porte souvent une robe? Pourquoi?
6 Quand met-elle des gants et un collant?
7 Quels vêtements Cyril porte-t-il à la maison?
8 Quels vêtements Maybelle porte-t-elle pour sortir le soir?
9 Comment sont les chemises que porte Cyril quand il est invité chez des amis?
10 Comment sont les chemises que porte Jean-Philippe pour aller au restaurant?
11 Et les pantalons?
12 Quand Jean-Philippe met-il une cravate?

EXTENSION

a Trouvez les équivalents anglais des expressions ci-dessous.

1 un billet vert
2 un numéro vert
3 les petits hommes verts
4 la langue verte
5 le métal jaune
6 le travail au noir

7 une nuit blanche
8 une arme blanche
9 les blouses blanches
10 la carte grise
11 un vin gris
12 une peur bleue

---

sleepless night   pale rosé wine   undeclared work   dollar bill   gold
extra-terrestrials   vehicle registration document   free phone number
terrible fright   knife   slang   hospital doctors

---

b Trouvez les explications de ces expressions qui utilisent des couleurs.

1 Voir les choses en noir.
2 Avoir la main verte.
3 Être (un) cordon bleu.
4 Être sur la liste rouge.
5 Être fleur bleue.
6 Voir la vie en rose.
7 Rire jaune.
8 Voir rouge.
9 Avoir du sang bleu dans les veines.
10 Voir des éléphants roses.

a Être très romantique.
b Prétendre trouver que quelque chose est drôle.
c Être un(e) excellent(e) cuisinier/ère.
d Être très en colère.
e Être pessimiste.
f Être optimiste.
g Ne pas avoir son numéro dans l'annuaire du téléphone.
h Être sous l'effet de l'alcool ou de la drogue.
i Être un(e) bon(ne) jardinier/ère.
j Être d'origine aristocratique.

FOIRE AUX QUESTIONS

Questions perso.

1 Que portez-vous pour aller à la plage/à la montagne?
2 Préférez-vous porter des vêtements élégants ou des vêtements sport?
3 Que portez-vous pour bricoler à la maison/quand il fait froid?
4 Achetez-vous souvent des vêtements?
5 Qu'est-ce que vous achetez de préférence?
6 Y a-t-il des vêtements que vous n'aimez pas?
7 Quelle est votre couleur préférée?
8 Est-ce que cette couleur vous va bien?
9 Est-ce que la mode vous intéresse/influence?
10 Vous arrive-t-il d'acheter des vêtements sur catalogue ou en ligne?

À vous de poser les questions.

11 _____ ?
En vacances? Surtout des vêtements confortables.

12 _____ ?
La veste écossaise? 55 euros.
13 _____ ?
Les chaussures à 160 euros? Oui, bien sûr.

Questions de connaissances générales.

14 Quelles sont les sept couleurs de l'arc-en-ciel?*
15 Quelles sont les trois couleurs des feux de circulation?
16 De quelle couleur sont les panneaux indiquant un site culturel européen?
17 De quelle couleur sont les boîtes à lettres en France?
18 De quelle couleur sont les containers utilisés en France pour recycler le verre?

* *rainbow*

BILAN

Maintenant vous pouvez décrire et comparer les vêtements que vous portez et vous pouvez acheter les vêtements dont vous avez besoin, ainsi que des chaussures et des accessoires.

14
Quatorzième unité

OBJECTIFS

Identifying your own and other people's possessions. Discussing school subjects.
Going to the lost property office.
More possessive adjectives.

1 Complétez avec *mon*, *ma* ou *mes*.

Pense-bête!

Remember that possessive adjectives agree with the nouns they qualify.

Aujourd'hui j'ai rendez-vous avec 1 _____ plus gros client. Il est 7 heures du matin et je suis en retard. J'ai perdu 2 _____ sac, 3 _____ lunettes et les clés de 4 _____ voiture. D'habitude je mets 5 _____ sac à côté du piano, 6 _____ lunettes sur la table et 7 _____ clés sur la cheminée. Cette fois j'ai de la chance. 8 _____ fille est à la maison. Elle trouve 9 _____ lunettes dans la cuisine, sous 10 _____ gants et à côté de 11 _____ parapluie pliant. Maintenant je peux retrouver toutes 12 _____ autres affaires!

2 Complétez avec *ton*, *ta* ou *tes.*

As-tu toutes tes affaires, Clément? N'oublie pas . . .

1	_____ serviette	7	_____	livres
2	_____ stylo	8	_____	porte-monnaie
3	_____ crayons	9	_____	lunettes
4	_____ calculette	10	_____	portable
5	_____ cahiers	11	_____	sandwiches
6	_____ dictionnaire	12	_____	jus de fruit

3 Complétez avec *votre* ou *vos*.

Vous faites votre valise! Alors, n'oubliez pas . . .

1	_____ parka	7	_____	costume
2	_____ chaussures	8	_____	gants
3	_____ smoking	9	_____	chaussettes
4	_____ cravates	10	_____	tee-shirts
5	_____ nœud papillon	11	_____	jean
6	_____ chemises	12	_____	sweat

4 Relisez le texte de l'exercice 1 et répondez aux questions suivantes.

Pense-bête!

his / her = **son** + *masc.*,

sa + *fem.* and **ses** + *pl.*

1 Pourquoi est-ce un jour important pour cette personne?
2 Quelle heure est-il?
3 Qu'est-ce que la personne a perdu?
4 Pourquoi n'a-t-elle pas beaucoup de temps?
5 Qu'est-ce qu'elle met en général à côté du piano?
6 Et sur la cheminée?
7 Pourquoi a-t-elle de la chance?
8 Pourquoi est-ce qu'on ne voit pas ses lunettes?
9 Dans quelle pièce sont-elles?
10 Qu'est-ce qu'elle peut faire maintenant?

5 Complétez avec *son*, *sa* ou *ses*.

> ## La rubrique people – Sandra la star de 'Rien que du Plaisir!'
>
> 1 _____ amour pour les chats et 2 _____ jalousie pour les actrices plus jeunes.
> 3 _____ somptueux bijoux et 4 _____ nombreuses voitures de luxe.
> 5 _____ huit mariages et 6 _____ sept divorces.
> 7 _____ jet privé et 8 _____ yacht en Méditerranée.
> 9 _____ ranch au Texas, 10 _____ appartement à Londres, 11 _____ palais à Venise et 12 _____ villa dans le Midi.
> 13 _____ opérations de chirurgie esthétique, 14 _____ grands rôles au cinéma et 15 _____ partenaires masculins.

6 Complétez avec *mon* ou *ma*.

> ### Pense-bête!
>
> When directly preceding a feminine word which starts with a vowel or an **h** aspirate, **mon, ton** and **son** are used instead of **ma, ta** and **sa**.

1 Dans _____ usine on fabrique des bouteilles en verre.
2 _____ amie anglaise habite à Liverpool.
3 _____ petite amie s'appelle Ariane.
4 Dans l'avion, _____ hôtesse de l'air était très sympa.
5 _____ adresse est différente depuis le 30 juin.
6 _____ nouvelle adresse est 12 rue Pasteur.
7 Jeanne d'Arc est _____ héroïne préférée.
8 Jean-Marc, c'est _____ première histoire d'amour!
9 _____ histoire n'est pas très intéressante.
10 _____ eau minérale favorite est l'eau de Vichy.

> ### Coin Info
>
> The classes in a secondary school, **collège** or **lycée** in France, go from *la sixième* to *la terminale* in reverse order to those in England. *La sixième* corresponds to year 7, *la cinquième* to year 8, *la quatrième* to year 9, *la troisième* to year 10, *la seconde* to year 11, *la première* to year 12 and *la terminale* to year 13. A year 7 pupil, for instance, will say *Je suis en sixième* and an A-level pupil will say *Je suis en terminale.*
>
> The exam at the end of secondary education is called **le baccalauréat** (*le bac* or *le bachot* for short). Unlike English A levels, the result is an average of all the marks covering most subjects (**les matières**).

7 Complétez le texte écrit par une ado (= *adolescente*) sur son collège.

1 ____ lycée s'appelle Georges Brassens, du nom du chanteur préféré de 2 ____ parents. Je suis en troisième et j'ai beaucoup de travail. 3 ____ copains sont sympa mais je déteste 4 ____ profs sauf 5 ____ prof d'histoire parce que 6 ____ cours sont intéressants. J'adore l'histoire, c'est 7 ____ matière préférée. 8 ____ prof de physique-chimie s'appelle Madame Joliot. Elle est très sévère et 9 ____ devoirs sont toujours trop difficiles pour moi. Monsieur Dufour me fait peur. C'est 10 ____ prof d'informatique. 11 ____ prof de maths est gentille mais je ne suis pas forte en maths et 12 ____ notes sont toujours mauvaises, 8 ou 9 sur 20 seulement! J'aime bien les langues vivantes, mais 13 ____ prof d'anglais, qui s'appelle Miss Brown, est toujours absente. Je trouve 14 ____ journées au lycée très longues et très ennuyeuses. Heureusement que 15 ____ prochaines vacances sont dans une semaine!

8 Remplacez *je* par *nous.*

J'habite un vieil immeuble en ville. Mon appartement est au troisième étage. Je suis en retraite depuis deux ans maintenant. Je profite bien de ma retraite et je visite toutes les régions magnifiques de ma belle France. C'est pourquoi ma voiture est très confortable. Malheureusement, elle est en panne en ce moment et mon garagiste dit que c'est l'embrayage! J'ai un fils qui est marié. Ma belle-fille est espagnole et mes petits-enfants, Victoria et José, sont bilingues. C'est formidable! Mon rêve c'est d'apprendre à parler l'espagnol couramment. Mon prochain voyage c'est l'Espagne, mais en avion cette fois!

9 Maintenant, posez des questions au couple de retraités ci-dessus.

10 Lisez le texte ci-dessous et décrivez la vie de Jeanine.

Jeanine
'Je travaille à la halte-garderie dans le centre de la ville depuis deux ans. J'aime bien mon métier parce que j'ai beaucoup de contact avec des gens bien différentes et en plus, j'adore les enfants. Mes propres enfants font toujours leurs études. Mon fils est à l'école primaire et mes deux filles sont au lycée. Ma fille aînée est en seconde et ma deuxième fille est en sixième cette année. Ma mère habite tout près dans le quartier donc elle fait souvent mes courses et les tâches ménagères chez moi. Heureusement, parce que mon mari voyage beaucoup et il est souvent absent.'

Elle . . .

11 Lisez le texte ci-dessous et décrivez une semaine typique de Thérèse et Adam.

Thérèse et Adam
'Nous n'avons pas beaucoup de temps libre en semaine parce que nos heures de travail sont très longues. Même le samedi, ma partenaire ouvre notre magasin à neuf heures et ne le ferme qu'à sept heures et demie du soir. Par contre, notre magasin est fermé le lundi. Nous partons en week-end le plus tôt possible, notre caravane pleine comme un œuf. Nous y mettons toutes nos affaires – nos vêtements, notre appareil-photo, notre ordinateur portable, nos vélos et tout ce qu'il faut pour préparer des repas rapides. Malheureusement, nos petites vacances sont vite finies et nous rentrons tard le lundi pour reprendre notre boulot le lendemain.'

Ils . . .

12 Reliez les questions et les réponses.

1	Quelle est ta meilleure note ce trimestre?	a	En quatrième et en première.
2	Ils coûtent combien vos choux-fleurs?	b	30 ans.
3	Quel est ton numéro de portable?	c	À 18 heures.
4	Quelle est leur nouvelle adresse?	d	À 23h 30.
5	Son train part à quelle heure?	e	C'est le 06 21 23 41 59.
6	Votre musée ferme quand?	f	Le 7 ou le 13.
7	Ils habitent Cassis depuis combien de temps?	g	19 sur 20!
8	Ils ont quel âge, leurs petits-enfants?	h	169 boulevard Stendhal.
9	Ses enfants sont en quelle classe?	i	5 euros la pièce.
10	Quel est votre numéro porte-bonheur?	j	Sept et 13 ans.

EXTENSION

Complétez les premières lignes de ces chansons et poèmes, puis trouvez leurs titres.

1 M_____ enfant, m_____ sœur,
Songe à la douceur
D'aller là-bas vivre ensemble!

2 O Magali, m_____ tant aimable!
A t_____ fenêtre parais donc.

3 Il pleure dans m_____ cœur
Comme il pleut sur la ville;
Quelle est cette langueur
Qui pénètre m_____ cœur?

4 Dans les jardins de m_____ père
Les lilas sont fleuris . . .
Auprès de m_____ blonde
Qu'il fait bon dormir.

5 Au sein d'une vigne
J'ai reçu le jour.
M_____ mère était digne
De tout m_____ amour

a **Romances sans paroles**, *Paul Verlaine*
b **L'invitation au voyage**, *Charles Baudelaire*
c **Magali**, *Chanson folklorique*
d **Joyeux enfants de la Bourgogne**, *Chanson folklorique*
e **Auprès de ma blonde**, *Chanson folklorique*

13 Trouvez l'intrus.

1 un sac, un parapluie, un portefeuille une serviette, une valise
2 un cahier, un livre, un carnet, un dictionnaire, un tableau
3 un costume, une robe, une ceinture, une veste, un blouson
4 jaune citron, vert olive, rouge cerise, gris souris, bleu clair
5 distrait, pliant, timide, amoureux, embêtant
6 un permis de conduire, un porte-clés, une carte de crédit, un dauphin, un chéquier

14 Reliez les listes A, B et C pour compléter les phrases.

Liste A	Liste B	Liste C
1 Nous avons cherché	sont	loin
2 Vous êtes	partout à la maison	perdu son parapluie
3 Elle porte des lunettes	de retour	sans succès
4 Je vais au marché	pour voir	ultra-modernes
5 Les usines Boucher	est	mes achats
6 Le cheval de l'industriel	parce qu'elle a	après un petit séjour à la montagne
7 Il a emprunté	pour faire	pour faire ses devoirs
8 Prête-moi ton dictionnaire	j'en ai besoin	pour ma traduction
9 Elle est aux Objets Trouvés	mon livre	mort

15 Complétez le dialogue au Bureau des Objets Trouvés.

— 1 *Say that you've lost your sports bag.*
— Comment est-il votre sac, exactement?
— 2 *Say it is a black bag with three green stripes.*
— Et où l'avez-vous perdu?

- **3** *In the swimming pool or on the bus.*
- Quel numéro?
- **4** *You catch the 38 to go town.*
- Qu'est-ce qu'il y a dedans?
- **5** *Your bathing costume, your towel and your shampoo.*
- Vous pouvez décrire vos affaires?
- **6** *Your bathing costume is blue with white stripes and your towel is red.*
- Et quand l'avez-vous perdu ce sac?
- **7** *Last Wednesday.*
- Et vous êtes certain(e) qu'il n'est pas chez vous?
- **8** *Say yes, you looked everywhere at home, without success.*

FOIRE AUX QUESTIONS

Questions perso.

1 Parlez de votre famille (noms, âges, travail, etc).
2 Parlez de vos voisins/vos collègues et de leur famille.
3 Vous êtes content(e) de votre voiture?
4 Quelle est votre matière scolaire préférée? Pourquoi?
5 Qu'est-ce que vous empruntez quelquefois?
6 Prêtez-vous facilement vos affaires?
7 Quel est votre livre/film préféré? Expliquez.
8 Donnez deux de vos qualités et deux de vos défauts.
9 Chez vous, quel est votre objet préféré? Pourquoi?
10 Quel est votre sport préféré? Donnez des détails.

À vous de poser les questions.

11 _____?
En allemand? Non, je suis complètement nul.
12 _____?
Ma valise est noire, en cuir.
13 _____?
Malheureusement non. Nos ouvriers sont en grève depuis un mois.
14 _____?
Sans hésitation 'Thelma et Louise' parce qu'il y a du suspense et que j'adore les acteurs.
15 _____?
Simon oui, mais Margot est encore à l'école primaire.

BILAN

Maintenant vous pouvez utiliser les adjectifs possessifs et identifier vos possessions et celles des autres. Vous pouvez parler des matières scolaires. Vous pouvez décrire ce que vous avez perdu et donner tous les détails nécessaires au Bureau des Objets Trouvés.

15

Quinzième unité

Going to various places. Means of transport. Health and family matters. Looking ahead. Present tense of **aller** and immediate future.

1 **Complétez.**

> ### Pense-bête!
>
> à + le = **au**
>
> à + les = **aux**

1 Pardon monsieur, pour aller _____ gare, s'il vous plaît?
2 Je vais _____ piscine toutes les semaines.
3 Ils vont toujours en vacances _____ étranger.
4 Elle achète tous ses vêtements _____ grands magasins.
5 Il va _____ café tous les soirs.
6 Je vais _____ travail en bus.
7 On ne va pas souvent _____ opéra.
8 Si vous avez besoin de renseignements, allez _____ mairie.
9 Oui, nous mangeons quelquefois _____ restaurant chinois.
10 Les enfants ont besoin d'aller _____ toilettes.

2 **Complétez les phrases avec la forme correcte du verbe *aller (à) et les endroits indiqués.***

> ### Pense-bête!
>
> Revise the conjugation of **aller** before your start.

Où 1 _____ les jeunes? Ils 2 _____ 🍵.

3 _____ - tu sortir ce soir? Oui, je

4 _____ 🎬.

Il 5 _____ ⚽👟 maintenant? Oui, il est très sportif. Il y 6 _____ tous les jours.

Vous 7 _____ ⛸️ régulièrement?

Ah non, seulement en hiver. L'été nous

8 _____ 🏊.

Les jeunes filles 9 _____ 🏬 ?

Naturellement, elles y 10 _____ parce que c'est la période des soldes.

Pour 11 _____ 🏰 , s'il vous plaît?

12 _____ tout droit, c'est à cinq minutes.

3 **Reliez les listes A, B et C pour compléter les phrases.**

Liste A	Liste B	Liste C
1 Il va	en Italie	pour voir leur grand-mère.
2 Elles vont	à l'étranger	pour apprendre l'italien.
3 Nous allons	en Espagne	pour gagner ma vie.
4 Je vais	au travail	pour rendre visite à ta tante.
5 Tu vas	au café	pour acheter leurs vêtements.
6 Pedro et Carmen vont	aux grands magasins	pour retrouver ses amis.

4 Comment y vont-ils?

EXEMPLE: Il y va en taxi.

	🚶	🚲	🚌	🚗	🚆 SNCF	🚋	✈️	⛴️
1 Martin					✗			
2 Sabine et Olivier		✗						
3 Les Lebrun			✗					
4 Les jumelles				✗				
5 Marie-Odile	✗							
6 Moi							✗	
7 Camille et moi						✗		
8 Mon frère								✗

5 Choisissez la bonne réponse.

1 Pardon monsieur, vous allez travailler je suppose?
   a Le travail, c'est la santé.
   b Non, je fais l'école buissonière.
   c Comme vous le voyez, je vais au bureau.

2 Comment y allez-vous?
   a Je vais très bien merci.
   b D'habitude je prends le train.
   c Comme ci, comme ça.

3 Le trajet dure combien de temps?
   a Environ un quart d'heure.
   b Huit jours, je crois.
   c Peut-être toute la vie.

4 Et vous commencez quand?
   a C'est l'heure exacte.
   b J'ai une heure de retard.
   c En général à huit heures et demie.

5 Et que faites-vous le midi? Vous mangez au restaurant?
   a Non, je rentre chez moi.
   b Oui, mais j'emporte un sandwich.
   c Oui, mais je prends seulement un jus d'ananas.

6 Et comment allez-vous aujourd'hui?
   a Ça va, merci.
   b Je rentre à pied à cause de la grève.
   c Elle est fatiguée en ce moment.

6 Regardez l'encadré ci-dessous et trouvez au moins deux endroits où vous allez pour faire les activités suivantes.

EXEMPLE: Pour écouter de la musique classique.
   → à l'opéra *ou* à la salle concert

théâtre   cinéma   centre commercial Alpes   restaurant   commissariat   stade bureau des objets trouvés   école cabinet médical   hôpital   montagne office de tourisme   collège   sandwicherie bureau   usine   campagne   piscine parc   brasserie   bibliothèque   mairie supermarché   café   marché

On y va . . .
1 pour faire les commissions.
2 si on a perdu quelque chose.
3 pour apprendre.
4 pour faire du sport.
5 si on est malade.
6 pour faire du ski.
7 pour avoir des renseignements sur la ville.
8 si on n'aime pas faire la cuisine.
9 pour travailler.
10 quand on a du temps libre.

7 Mettez les mots dans le bon ordre.

1 train d'habitude bureau je au vais en
2 cheval randonnées des faire à j'adore
3 mal parce je pas en mer bateau que j'ai voyager le n'aime de
4 semaines suis au trois depuis je chômage
5 avion des quel est voyages l'inconvénient en ?
6 j'aime campagne en voiture voyager pour admirer la

8 Qui parle? Reliez les phrases.

1 'Je déteste voyager.'
2 'La batterie est à plat ce matin.'
3 'Je préfère rester en France.'
4 'J'ai horreur de voyager en bateau.'
5 'J'adore faire des randonnées à cheval.'
6 'Je ne voyage jamais en avion.'

a Un homme dont la voiture est en panne.
b Une personne chauvine.
c Une femme qui a le mal de mer.
d Une personne qui aime être en plein air.
e Quelqu'un qui a le mal de l'air.
f Une personne qui reste à la maison, même pendant les vacances.

9 Trouvez les projets des personnes ci-dessous.

1 Nous	vont	faire	avec vos parents
2 Les enfants	vont	faire	à ma mère
3 Vous	va	durer	trente minutes
4 Les ouvriers	vas	jouer	avec tes copains
5 Je	allons	téléphoner	leurs sandwiches
6 Le trajet	allez	voyager	nos devoirs
7 Tu	vais	manger	grève

10 Lisez les post-its et dites ce que les personnes ci-dessous vont faire la semaine prochaine.

1 *Marie-Hélène*

> Vendredi
> *Téléphoner à papa*
> *Promener le chien*
> *Coiffeur*
> *Commander vin + bière par Internet*
> *Télé (Paris Saint-Germain contre Arsenal)*

2 *Jean-Luc*

> Samedi
> Laver la voiture
> Passer l'aspirateur
> Réparer la fenêtre
> Cadeau d'anniversaire (Marie-Hélène)
> Emails (Annette, Théo et Alena)

3 *Anne-Laure et Jamal*

> Dimanche
> Courses
> Ménage + ranger appart.
> 12h 30 chez Dominique
> Rendre visite à maman de Jamal
> 21h cinéma

4 *Vous et votre partenaire*

> Lundi
> Jardinage
> Promenade/visite expo Brancusi (selon temps)
> Devoirs
> Cours d'anglais
> Café avec prof

11 Et vous? Qu'est-ce que vous allez faire la semaine prochaine? (1 activité par jour minimum). Lundi, je vais . . . Mardi, . . .

12 Où vont-ils et qu'est-ce qu'ils vont faire?

1 – Je _____ .

6 – Les touristes
_____ .

2 – Les enfants
_____ .

13 Claude téléphone à Jocelyne. Écrivez un résumé de ses problèmes de vacances.

Allô, Jocelyne! C'est Claude . . .
Non, tout ne va pas bien, loin de là! Nous sommes en vacances près de Perpignan. . . . Non, nous n'allons pas à la plage tous les jours. Le camping est trop loin . . . à 12 km. On y va en voiture. C'est embêtant, je dois garder mon portefeuille et mon permis de conduire avec moi dans mon sac de plage . . . il y a beaucoup de radars et contrôles de gendarmerie par ici. La piscine au camping? Ah non, on n'y va pas. L'eau est glaciale, et en plus c'est sale! . . . Les repas? On fait des barbecues. Nous allons au supermarché régulièrement – le petit magasin ici coûte trop cher. . . . Le soir? On ne fait pas grand-chose. Danièle va à la discothèque du camping . . . Ah oui, il y a du bruit . . . partout . . . partout. Nos voisins font beaucoup de bruit avec leurs enfants et leurs animaux. Et leur ado, il a une moto et beaucoup de copains. Quelle horreur! . . . Au week-end? Nous allons visiter la vieille ville de Perpignan. Si nous avons assez de temps nous allons visiter les châteaux cathares de la région, Quéribus et Peyrepetuse. Il sont magnifiques, paraît-il.

3 – Nous
_____ .

4 – Elle
_____ .

5 – Il _____ .

14 Complétez les phrases.

1 Nous allons _____ Perth de temps en temps.
2 Ils vont souvent _____ Etats-Unis et _____ Canada.
3 Ils jouent au foot _____ Brésil et _____ Argentine.
4 Leur fille habite _____ Tunisie depuis six ans.
5 Ils passent leurs vacances _____ Marrakech.
6 Mon neveu travaille _____ Japon et _____ Chine.

FOIRE AUX QUESTIONS

Questions perso.

1 Comment allez-vous au travail/au supermarché?
2 Combien de temps dure le trajet?
3 Quelle formule de vacances préférez-vous?
4 Quel moyen de transport préférez-vous utiliser quand vous allez en vacances?
5 Préférez-vous aller à l'étranger ou rester dans votre pays?
6 Pendant les vacances, qu'est-ce que vous allez faire pendant la journée/ le soir?
7 Combien de fois par an allez-vous chez le dentiste/le médecin/le coiffeur?
8 Quand vous avez du temps libre le week-end, préférez-vous aller à la campagne ou au bord de la mer?
9 Avez-vous peur de prendre l'avion?
10 Voyagez-vous beaucoup pour votre travail?
11 Le vélo est-il le moyen de transport idéal pour les petits trajets?
12 Aimez-vous la vitesse?/Aimez-vous voyager en voiture?

À vous de poser les questions.

13 _____?
Je vais très bien merci.
14 _____?
Les enfants sont malades.
15 _____?
Claude est très fatigué(e) en ce moment.
16 _____?
Au supermarché? J'y vais en voiture.

BILAN

Maintenant vous pouvez dire où vous allez et quels moyens de transport vous utilisez. Vous pouvez dire si vous allez bien et parler de vos projets futurs.

16

Seizième unité

OBJECTIFS

Types and conditions of employment. Leisure time. Going to a petrol station.
Present tense of **–ir** verbs. **Il faut**.

1 Reliez la liste A à la liste B pour compléter les phrases.

Liste A
1 J'ai de la chance
2 Je commence souvent
3 Je travaille
4 L'usine fonctionne
5 Il y a une bonne ambiance
6 Je peux quitter plus tôt

Liste B
a si le patron est sympa.
b à six heures du matin.
c quand je commence de bonne heure.
d dans une usine.
e 24 heures sur 24.
f car je fais la semaine des 35 heures.

2 Trouvez les bons mots de vocabulaire ci-dessous pour complétez le texte.

usine • heure • porte • commence • fait • travaille • magasin • matinée • congé • ouvert • fermé
journée • doux • faciles • difficiles • fatigant • part • finit • vacances • matin

Barbara 1 _____ dans un 2 _____ qui reste 3 _____ toute la 4 _____ et le dimanche
5 _____. Elle 6 _____ souvent tard le soir. C'est 7 _____, et les clients sont souvent
8 _____. Ses jours de 9 _____ varient et elle ne 10 _____ pas souvent en week-end.

3 Mettez les phrases dans le bon ordre. La première est correcte.

1 – Vous avez un emploi?
2 – Ça dépend. D'habitude vers 5 heures.
3 – Et si vous voulez commencer à 8 heures
    et demie?
4 – Oui, je travaille dans un bureau.
5 – Combien d'heures travaillez-vous par
    semaine?
6 – Pas de problème. Je peux quitter plus tôt.
7 – Vous commencez à quelle heure?
8 – Je fais la semaine des 35 heures.
9 – Et vous finissez quand?
10 – En général à 9 heures.

Pense-bête!

Don't confuse the verbs **quitter** and **partir**,
which both mean to *leave*.
Use **quitter** for leaving a place, even if it is only
implied:
Ils ne quittent pas le restaurant avant minuit.
Je peux quitter (le bureau) plus tôt.
Use **partir** when time is a consideration:
Je pars demain.
Le train part toujours à l'heure.

4 Cochez les verbes qui sont possibles.

1 je sors
  je ne pars pas
  je mens   de bonne heure
  je rougis
  j'ouvre

2 elle choisit
  elle grossit
  elle rougit   parce qu'elle est
  elle souffre   timide
  elle ralentit

3 ils se salissent
  ils pâlissent
  ils servent   quand ils mangent
  ils se nourrissent
  ils finissent

4 vous servez
  vous dormez
  vous découvrez   un nouveau
  vous choisissez   restaurant
  vous ouvrez

5 nous ne mentons pas
  nous ralentissons
  nous partons   en ville
  nous maigrissons
  nous jaunissons

6 ne salissez pas
  ouvrez
  servez   le questionnaire
  remplissez
  finissez

5 C'est logique! Corrigez une erreur dans chaque phrase.

Jeanne et Paul sortent au moins deux cent fois par semaine. Le mercredi, ils vont au commissariat avec leurs copains voir les derniers films. Le vendredi soir, Paul entend Jeanne à la sortie du bureau. Ils vont en avion à leur cours de danse moderne. C'est à dix minutes, c'est juste loin du cinéma. Après la danse, ils vont toujours changer dans le même petit restaurant. Ils adorent la cuisinière italienne, surtout les lasagnes. Ils bavardent avec leur serviette qui fait aussi de la danse. Ils ne quittent jamais le restaurant avant vingt-quatre heures.

6 Complétez en utilisant *sortir* ou *choisir*.

> **Pense-bête!**
>
> Revise the conjugations of **choisir** and **sortir** before you start.

— Dis Pascale, tu 1 _____ avec Jean-Luc depuis longtemps?
— Nous 2 _____ ensemble depuis trois mois déjà.
— Et quand vous 3 _____ , c'est toi qui 4 _____ où aller?
— En général, nous 5 _____ tous les deux, mais quelquefois c'est lui qui 6 _____ .
— Quand par exemple?
— Si nous allons au cinéma c'est Jean-Luc qui 7 _____ . Il s'intéressse à tous les films.
— Et si vous 8 _____ le vendredi soir par exemple, pour aller manger?
— En ce cas, c'est moi qui 9 _____ , car je connais les bons restaurants!

7 Mettez les phrases au pluriel.

EXEMPLE: Je finis mes devoirs.
        → Nous finissons nos devoirs.

1 Tu dors jusqu'à midi?   → Vous . . .
2 Il ment à ses parents.   → Ils . . .
3 Je ne sors pas souvent.
4 Tu remplis ton sac.
5 Il ralentit toujours en ville.
6 Je sers le petit déjeuner.
7 Choisis le menu.
8 Il salit son pull.
9 Je ne maigris pas.
10 Elle ne part pas en vacances.
11 Tu ne viens pas souvent ici.
12 Je reviens de Calgary.
13 Il revient du supermarché.
14 Tu viens avec moi?
15 L'exercice devient difficile.

8 Maintenant, regardez la **solution** et remettez les phrases au singulier.

9 Trouvez l'intrus.

1   le carburant, le gazole, l'essence, l'eau
2   l'argent, le code confidentiel, le billet, la carte bancaire
3   les pneus, le pare-brise, le moteur, la caisse
4   le salaire, le travail, les congés, le chômage
5   les horaires, le cours, l'usine, le patron

Coin Info

For safety reasons, road vehicles undergo a periodic **Contrôle Technique** (*equivalent to the MOT*). In France, this is compulsory in the fourth year of the life of a new car, and every two years after that. Any used car which is more than four years old and has not been checked in over six months must be rechecked before it can be sold. Commercial vehicles must also pass a **Contrôle Pollution** (*emissions test*) in the years alternating with the Contrôle Technique.

The safety inspection covers a checklist of 124 mechanical and maintenance points, including **les liquides** (*fluids*), **les pneus** (*tyres*), **les essuie-glaces** (*windscreen wipers*), **les feux de signalisation** (*indicator lights*), **les freins** (*brakes*) and **le pare-brise** (*windscreen*). Any fault must be addressed within two months or the results are invalidated and the vehicle owner risks a fine. Since 2017, this has even included defects to **l'ordinateur de bord** (*onboard computer*).

10 **Chez le garagiste**. Mettez les expressions dans la bonne catégorie: entretien (*regular maintenance*) ou réparation.

Entretien	Réparation

1   Je fais le plein d'essence tous les dimanches.
2   Il doit contrôler le niveau d'huile.
3   Il faut remplir le liquide lave-glace à la station-service.
4   J'ai un pneu crevé. Il faut le changer immédiatement
5   J'ai un feu de signalisation qui ne fonctionne plus.
6   Il faut réviser la pression des pneus.
7   Un projectile a cassé son pare-brise.
8   J'ai mis du sans-plomb dans mon diesel, et je suis tombé en panne!
9   Elle dit que les freins sont bloqués, sa voiture ne marche pas bien.

avoir un pneu crevé

11 Reliez la liste A à la liste B pour compléter les phrases.

LISTE A
1 Il faut avoir le permis
2 Il faut laver le pare-brise
3 Il faut ralentir
4 Il faut laisser la priorité
5 Il faut vérifier

LISTE B
a quand il pleut.
b quand on arrive à un rond-point.
c la pression des pneus régulièrement.
d quand il est sale.
e pour conduire une voiture.

12 Complétez les phrases selon votre choix.

1 Il faut mettre _____ .
2 Il faut utiliser _____ .
3 Il faut aller _____ .
4 Il faut vérifier _____ .
5 Il faut être _____ .
6 Il faut faire _____ .
7 Il faut avoir _____ .
8 Il ne faut pas _____ .

Coin Info

Many words are similar in English and in French, but there are also a number of false friends – **les faux amis**. Here are some from the coursebook plus a few more, which may save you from embarrassing situations.

français	anglais
une cave une grotte	a cellar a cave
une librairie une bibliothèque	a bookshop a library
large grand	wide large, big, tall
la chance le hasard un danger	luck chance a hazard
une course les courses	a race shopping
une journée un voyage	a day a journey
le raisin un raisin sec	grapes a raisin
ranger aller de . . . à . . . to. . .	to put away/tidy up to range from . . .
demander exiger	to ask to demand
achever réaliser	to complete to achieve
un retard un délai	a delay a time limit

français	anglais
une veste une chemise de corps	a jacket a vest
un smoking un parking un camping	a dinner jacket a car park a campsite
sympa(thique)	friendly, congenial
une caméra un appareil-photo	a cine-camera a camera
un patron un client	a boss a patron (in the sense of client)
actuel actuellement réel en fait	present, current currently actual actually
le pétrole l'essence	oil petrol
une phrase une expression	a sentence a phrase
grossier/grossière rude	rude rough, hard
une conférence une lecture	a lecture (a) reading

EXTENSION

a Devinez le sens des faux amis ci-dessous.

– Elle est très élégante, elle porte toujours des chaussures à hauts **1** *talons*.
– Il a été **2** *blessé* dans un accident de voiture.
– Il a un métier dangereux. Il **3** *dresse* des lions et des éléphants dans un cirque.
– Elle est très photogénique parce qu'elle est **4** *jolie*.
– Il a une **5** *figure* horrible: un gros nez, des dents de travers et des **6** *boutons* d'acnée.
– **7** *Avertissement* à tous les automobilistes: risques de brouillard givrant.
– Le pauvre enfant! Ses **8** *habits* sont toujours sales et il n'a pas de chaussures.
– Le château est **9** *inhabité* depuis 1980.
– **10** *Ce photographe* est bien connu pour ses portraits de famille.

b Faites des phrases avec des faux amis de votre choix.
EXEMPLE: Les enfants adorent le raisin mais ils n'aiment pas les raisins secs.

FOIRE AUX QUESTIONS

Questions perso.

1   À quelle heure finissez-vous votre toilette le matin?
2   Vous dormez combien d'heures par nuit?
3   Est-ce que vous rougissez de temps en temps?
4   Quand pâlissez-vous?
5   Est-ce qu'il vous arrive de mentir?
6   Quand partez-vous en vacances?
7   Est-ce que vous sortez souvent?
8   À table, servez-vous souvent du poisson?
9   En voiture, quand est-ce que vous ralentissez?
10 En général, qu'est-ce que vous choisissez quand vous mangez au restaurant?

À vous de poser les questions.

11 _____ ?
    En général je suis au bureau à huit heures et demie du matin.
12 _____ ?
    Non, c'est plutôt ennuyeux et je suis mal payé.
13 _____ ?
    On sort environ deux fois par mois pour aller au ciné ou au resto.
14 _____ ?
    Le soir? Non, je préfère rester à la maison.
15 _____ ?
    On dit 'cellar'. C'est un faux ami!

BILAN

Maintenant vous pouvez parler en détail de votre travail et de vos loisirs. Vous pouvez voyager en voiture en toute sécurité, et vous pouvez dire ce qu'il faut et ce qu'il ne faut pas faire.

17
Dix-septième unité

1 Trouvez les meubles et les machines.
Mettez *un* ou *une*.

1 ANGEL CUE ROT, 2 SEE VILE VASE SALE,
3 OAR MIRE, 4 REVISE SAIL, 5 APE CAN,
6 HAS ICE, 7 BEAT TOUR, 8 MICE ON RODS

2 Quelque chose n'est pas à sa place.
Trouvez-le et mettez-le dans la bonne
pièce.

1 **Chambre à coucher:** le lit, l'armoire, le frigo, la
commode.
2 **Cuisine:** le lave-vaisselle, la machine à laver, le
congélateur, les tabourets, le canapé.
3 **Salle de séjour:** le meuble TV, la table de nuit,
les chaises, le buffet, les fauteuils.
4 **Bureau:** la souris, le fauteuil pivotant, l'armoire,
l'ordinateur, les étagères.
5 **Salle de bains:** la douche, le lavabo,
la baignoire, le porte-serviettes,
l'imprimante.

3 Pour chaque pièce de la maison, écrivez 3
meubles, 3 appareils ou 3 objets typiques
qu'on y trouve.

Salon	
Salle à manger	
Chambre	
Cuisine	
Salle de bains	
Garage	

4 Reliez la liste A à la liste B pour dire ce
que vous venez d'acheter dans un
vide-grenier (equivalent to *a car boot sale*)

Liste A		Liste B	
1	6 assiettes	a	à rayures
2	une chaise	b	carrées
3	une étagère	c	de ping-pong
4	un fauteuil	d	électrique
5	un parasol	e	pliant
6	une piscine	f	en fer forgé
7	une table	g	longue
8	une tondeuse*	h	en kit

* *a lawn mower*

5 Choisissez la bonne réponse.

Roger a de la **1** *chance / monnaie / difficulté*.
Il vient de **2** *perdre / gagner / voler* beaucoup
d'argent. Comme ses meubles sont **3** *jeunes /
neufs / vieux*, il décide **4** *de prêter / de trouver /
d'acheter* un lit, une commode, une armoire et un
fauteuil neufs pour sa **5** *tante / chambre / salle*.
Il téléphone à son **6** *amie / ami / fille* Fernande
pour qu'elle l'aide à les **7** *prendre / vendre /
choisir*. Ils vont aller **8** *regarder / chercher / faire*
les grands **9** *achats / magazines / magasins*
samedi **10** *prochain / dernier / passé*. Le soir ils
vont sans doute **11** *entrer / rentrer / concentrer*
très **12** *fatigués / distingués / embêtés*, mais ça
ne fait rien si Roger **13** *découvre / trouve /
accepte* des **14** *marbres / modèles / meubles*
qu'il **15** *déteste / n'aime pas beaucoup / aime
bien*.

6 Mettez les 5 phrases qui manquent dans le texte ci-dessous.

TOUMOBIL	ACCUEIL	SALONS	SALLES A MANGER	CUISINES	SALLES DE BAINS	ELECTRO-MENAGER
T
M						

Mon panier

Votre panier est vide

Marie-Hélène passe une commande en ligne. Lisez le texte ci-dessous et insérez les 5 phrases qui manquent.

1 Cette fois elle choisit une table rectangulaire, six chaises et un buffet.
2 Toumobil a des meubles de bonne qualité qui ne sont pas trop chers.
3 Elle cherche sa carte de crédit, mais elle ne la trouve pas.
4 Puis elle hésite entre un micro-ondes et une cafetière électrique.
5 Il y a des placards en bois clair de style nordique, et d'autres plus foncés de style rustique.

Marie-Hélène veut acheter de nouveaux meubles pour sa résidence secondaire dans le Jura. Elle va sur le site Toumobil. (**a**) Elle clique d'abord sur 'salons'. Elle trouve un beau canapé en cuir bleu et deux fauteuils assortis. Elle les met dans son panier. Puis elle clique sur 'cuisines'. (**b**) Elle choisit ceux en bois clair et commande aussi des étagères assorties et deux tabourets. Ensuite elle clique sur 'Électro-ménager' et choisit un aspirateur et un frigo qu'elle ajoute à son panier. (**c**) Finalement elle décide d'attendre. Pour finir, elle clique sur 'salles à manger'. (**d**) Elle les met tous dans son panier. Puis, satisfaite de ses achats, elle clique sur 'payer'. (**e**) Heureusement, le site conserve son panier en mémoire.

7 Lisez les conseils de Toumobil pour choisir une chambre et répondez aux questions.

Comment choisir sa chambre

Votre chambre est une des pièces les plus importantes de votre logement. Vous y passez en moyenne un tiers de votre vie à dormir, mais vous y passez aussi de nombreuses heures à lire, à ranger, choisir et mettre vos vêtements et quelquefois à regarder la télévision, à parler au téléphone ou même à travailler. La chambre de base se compose d'un lit, d'une armoire et d'une table de chevet coordonnés. On peut y ajouter d'autres éléments tels qu'une commode, un fauteuil, des étagères ou un meuble TV. Une chambre d'enfant est un univers privé où l'enfant se repose, travaille, joue et crée. Votre enfant a besoin de s'y sentir bien. Il ne faut pas choisir à sa place. Laissez-le changer la décoration en fonction de ses goûts, de ses intérêts du moment et de ses idoles avec des posters et autres objets de son choix.

1 À quoi passons-nous environ un tiers de notre vie?
2 D'après le texte, quelles sont les autres activités qui ont lieu dans notre chambre?
3 Quels sont les trois meubles indispensables d'une chambre?
4 Est-ce qu'on y trouve d'autres meubles?
5 Comment un enfant considère-t-il sa chambre?
6 Que conseille Toumobil en ce qui concerne sa décoration?
7 Qu'est-ce qui détermine ce que l'enfant choisit pour sa chambre?

8 La première lettre de chaque réponse vous donne quelque chose que les gens aiment bien avoir dans le jardin – surtout quand il fait chaud.

DEVINETTE

1 Chaque salle en a une pour entrer et sortir. _____
2 Contraire d'extérieur. _____
3 On l'achète chez le boucher-charcutier. Sec, on le mange avec l'apéritif.
   _____
4 Endroit où on prépare à manger. _____
5 Une des couleurs de l'arc-en-ciel. _____
6 On la met sur la table avant les assiettes et les couverts. _____
7 Continent où se trouve la France et la Grande-Bretagne. _____

9 Complétez avec les pronoms.

1 Tu as ton chien depuis longtemps?
   Oui, je ___ ai depuis dix ans.
2 Vous voyez souvent votre mère?
   Oui, je ___ vois toutes les semaines.
3 Vous achetez vos fruits au marché?
   Oui, je ___ achète toujours au marché.
4 Elle quitte son bureau de bonne heure?
   Non, elle ne ___ quitte jamais avant 7 ou 8 heures.
5 Vos enfants vont à l'école à pied?
   Non, je ___ emmène en voiture.
6 Tu envoies l'invitation par la poste?
   Non, je ___ envoie par email.
7 Vous aimez le dernier film de Tarantino?
   Non, je ne ___ aime pas.
8 Les enfants aiment leur prof de maths?
   Non ils ___ détestent.

10 Répondez en remplaçant les noms par des pronoms.

> **Pense-bête!**
>
> In the imperative, the pronoun comes after the verb and is linked by a hyphen.

Où est-ce que je mets . . .

EXAMPLE: le couteau à pain? poser/table → Posez-le sur la table.

1 les assiettes?   mettre/vaisselier
2 la poêle?   mettre/le placard
3 l'ouvre-boîte?   poser/la table
4 les tasses?   mettre/le lave-vaisselle
5 les couverts?   mettre/le tiroir
6 le tire-bouchon?   laisser/l'étagère
7 les verres?   laisser/le buffet
8 la bouteille d'eau?   laisser/le frigo
9 la nappe?   mettre/la machine à laver

11 Mots croisés.

Horizontalement
1 Elle protège la table mais il faut la laver souvent.
2 Elles sont en papier ou en tissu éponge.
3 C'est le couvert le plus pratique pour manger la soupe.
4 On n'en a pas besoin pour ouvrir une bouteille de champagne.
5 On l'utilise pour faire cuire des légumes ou du riz.
6 Indispensable pour servir des sardines à l'huile en conserve.

Verticalement
1 Elle est quelquefois en porcelaine de Limoges et les enfants n'aiment pas la faire.
2 Plus élégante qu'un bol, elle est très petite pour les espressos.
3 On France on s'en sert pour boire le café au petit déjeuner.
4 C'est plus facile d'en avoir un pour couper la viande.
5 C'est ce qu'il faut pour faire cuire une omelette ou une crêpe.
6 Il est plus grand pour l'eau que pour le vin.

12 Regardez les dessins et complétez les phrases pour dire ce qui vient d'arriver.

EXEMPLE:

La voiture vient de tomber en panne.

1 Elle _____ un eskimau.

2 Il _____ des livres à la bibliothèque.

3 Ils _____ au bord de la mer.

4 Elle _____ une mauvaise nouvelle.

5 Ils _____ .

6 Il _____ un cadeau.

7 Il _____ peur.

8 Elle _____ son appartement.

13 Complétez chaque phrase avec la bonne forme de *venir de* et de *aller*.

1 Il _____ trouver un nouvel emploi. Il _____ commencer dans un mois.

2 Il _____ téléphoner à ses parents. Ils _____ venir le chercher en voiture.

3 Ils _____ avoir un bébé. Ils ne _____ plus dormir beaucoup la nuit.

4 Vous _____ acheter des souvenirs de la région. Vous _____ les offrir à des amis.

5 Cyril _____ gagner beaucoup d'argent. Avec sa petite amie, ils _____ partir en vacances pendant trois mois.

6 Je _____ acheter une paire de sandales adorables que je _____ voir dans un magasin.

7 Tu _____ acheter un manteau à ta fille. S'il fait froid, elle _____ le mettre demain.

8 Maryse _____ aller aux Objets Trouvés parce qu'elle _____ perdre son parapluie.

9 Georges _____ passer un examen. Il _____ avoir le résultat dans deux semaines.

10 Marie et Sylvie _____ faire beaucoup de promenades maintenant parce qu'elles _____ acheter un jeune labrador.

? FOIRE AUX QUESTIONS

Questions perso.

1 Est-ce que vous trouvez votre appartement/votre maison assez grand(e)?
2 Allez-vous déménager bientôt?
3 Décrivez votre chambre.
4 Quelles machines/quels meubles y a-t-il dans votre cuisine/salle de séjour?
5 Avez-vous des meubles que vous n'aimez pas?
6 Aimez-vous votre cuisine? Pourquoi?
7 Avez-vous une baignoire, une douche ou les deux?
8 Quelles couleurs préférez-vous pour chaque pièce? Expliquez.
9 Préférez-vous une grande cuisine ou une grande chambre? Pourquoi?
10 Préférez-vous les meubles anciens ou les meubles modernes?

À vous de poser les questions.

11 _____?
Allez tout droit. La salle de bains est sur votre gauche.
12 _____?
Un micro-ondes? Ah oui, j'en ai un depuis deux ans.
13 _____?
Les casseroles? Mettez-les dans le placard, s'il vous plait.
14 _____?
Les bols? Ils sont dans le vaisselier.
15 _____?
On va déménager dans trois semaines.

BILAN

Maintenant vous pouvez décrire votre logement en détail et dire ce qu'il y a dans les différentes pièces. Vous pouvez éviter les répétitions en utilisant des pronoms. Vous pouvez aussi parler du passé proche et dire ce que vous venez de faire.

18
Dix-huitième unité

OBJECTIFS

Talking about daily routine. Dealing with the children. Leisure activities.
Present tense of reflexive verbs. More object pronouns. Use of **y** and **en**.

1 Complétez.

Je 1 _____ et je 2 _____ à 6 heures.

Je 3 _____ .

Je 4 _____ .

Je 5 _____ .

Je 6 _____ .

Je 7 _____ .

Je 8 _____ à 10 heures.

2 Trouvez le verbe qui correspond au substantif.

Substantif		**Verbe**
EXEMPLE: *le mari*	→	*se marier*
les habits (= les vêtements)		
un rasoir		
une brosse à dents / à cheveux		
le maquillage		
le repos		
un réveil		
une coiffure		
un changement		
une dispute		

> **Pense-bête!**
>
> Reflexive verbs are conjugated like other verbs, but with the addition of reflexive pronouns (**me, te, se, nous, vous, se**). When the verb starts with a vowel or an **h** aspirate, remember to use **m'** instead of **me**, **t'** instead of **te** and **s'** instead of **se**.

3 Complétez les phrases avec les verbes entre parenthèses.

1 Nos voisins _____ (*se disputer*) tout le temps.
2 Ma copine et moi, _____ (*s'endormir*) souvent devant la télé.
3 Son fils _____ (*se reposer*) après le travail.
4 Juliette _____ (*se changer*) toujours avant de sortir.
5 Vous et votre mari, _____ (*s'habiller*) avant ou après le petit déjeuner?
6 Moi, _____ (*se coucher*) vers 10 heures et demie.
7 Toi, est-ce que _____ (*se laver*) avant 7 heures?
8 Mon frère et moi, _____ (*se disputer*) jamais!

4 Complétez avec la bonne forme de *se dépêcher* ou *se lever*.

– Vous 1 _____ de bonne heure?
– Non, je 2 _____ tard, ma femme aussi. Et vous?
– Nous 3 _____ assez tôt, à 6 heures et demie.
– Et vous 4 _____ tous les deux?
– Moi oui, je suis toujours pressé, mais ma femme ne 5 _____ pas. Et toi?
– C'est la même chose chez nous. Je 6 _____ tard, c'est vrai, mais je 7 _____ tous les jours. Simone, au contraire, prend son temps. Elle ne 8 _____ jamais.
– Et le week-end?
– Nous, nous ne 9 _____ pas. Si possible, nous faisons la grasse matinée. Mais assez souvent les enfants 10 _____ très tôt.

5 Mettez les phrases au négatif.

> **Pense-bête!**
>
> Remember that, as with other pronouns, reflexive pronouns stay with the verb, between the two negative words.

1 Mon frère se rase tous les jours.
2 Je me lève tard le dimanche.
3 En général on se change pour sortir le soir.
4 Les enfants se disputent souvent.
5 Il se débrouille bien en anglais.
6 Nous nous couchons de bonne heure.
7 Elle aime se maquiller.
8 Ils aiment se doucher.

6 Lisez le texte ci-dissous et reliez chaque personne au bon métier.

Martin
"Moi, je me lève à 3 heures du matin pour aller au port. Je me dépêche pour y être avant la rentrée des pêcheurs. Puis je me rends à mon magasin où je vends le poisson que je viens d'acheter".

Laurence
"Je me lève vers 7 heures. Après le petit déjeuner, je me prépare pour aller au lycée où je m'installe dans ma salle de classe après avoir salué mes collègues et le proviseur."

Jean-Louis
"Ma mère me réveille à 7 heures moins dix. Je me lève un quart d'heure plus tard et je m'habille, mais quelquefois je ne me lave pas. Si j'arrive tôt au collège, je bavarde avec mes copains et copines ou je leur envoie des SMS."

Xavier et Fabienne
"Chaque vendredi nous nous levons de bonne heure. Nous allons au marché aux puces où nous achetons quelquefois de vieux meubles ou des objets rares. Avant de nous rendre à notre magasin, nous rentrons à la maison."

Élodie et Robin

"Nous faisons très souvent la grasse matinée. Nous répétons notre numéro, puis nous prenons un repas léger. Ce qui est long, c'est le maquillage. Il nous faut environ une heure. Puis nous mettons notre costume et notre perruque. Nous nous couchons après le spectacle qui finit vers onze heures."

Anne-Lise et Claude

"Quand nous avons des clients nous nous levons très tôt pour préparer les chambres. Moi je fais le lavage et le repassage, et Claude passe l'aspirateur et nettoie les salles de bains. Le lendemain je sors vers 7 heures pour aller chercher du pain et des croissants. On sert toujours de la confiture faite maison aux clients."

les métiers

clown   propriétaire de chambres d'hôtes
pêcheur   antiquaire   professeur
marchand de primeurs   élève   peintre
gérant   maquilleur/maquilleuse   pompier
femme de ménage   poissonnier/
poissonnière

7   Maintenant répondez aux questions.

Quelle(s) personne(s) . . .

1 . . . va chercher du pain de bonne heure?
2 . . . se lèvent vers 7 heures du matin?
3 . . . se lèvent tôt le vendredi?
4 . . . se lèvent tard?
5 . . . travaillent dans une salle de classe?
6 . . . achètent souvent de vieilles choses?
7 . . . ont besoin d'une heure pour se maquiller?
8 . . . servent de la confiture faite maison?
9 . . . sont propriétaires d'un magasin?
10 . . . se rend au port pour acheter du poisson?
11 . . . font le ménage avant l'arrivée des clients?
12 . . . se couchent tard?

Pense-bête!

Y means *there* and replaces the name of a place. **En** can mean *some, any, of it* or *of them*. Like all pronouns, they come before the verb.

8   Répondez en utilisant *y*.

1 Comment allez-vous au bureau? (en tramway)
2 Mangez-vous souvent au restaurant? (une fois par mois)
3 Vous passez combien de temps dans la salle de bains? (dix minutes)
4 Est-ce que vous allez souvent à la bibliothèque? (tous les samedis)
5 Combien de temps restez-vous à la plage? (une ou deux heures)

9   Reliez les questions aux réponses.

Liste A

1 Avez-vous des enfants?
2 Vous achetez souvent du poisson?
3 Elle donne souvent du lait au bébé?
4 Est-ce que vous buvez beaucoup de café?
5 Vous mangez des bonbons quelquefois?
6 Donne-t-il de l'argent de poche aux enfants?

Liste B

a Elle lui en donne toutes les 4 heures.
b Il leur en donne une fois par semaine.
c J'en ai trois.
d J'en bois trop.
e J'en achète une fois par semaine.
f Je n'en mange jamais.

10 Utilisez *y* ou *en* pour compléter les réponses.

1 Va-t-elle à l'école? Oui, elle _____ va depuis deux mois.
2 Aimez-vous le vin? Oui, j' _____ bois tous les jours.
3 Avez-vous des frères? Oui, j'_____ ai trois.
4 Est-ce qu'il aime Dijon? Oui, il _____ habite depuis juin 2015.
5 Elle va acheter une voiture? Oui, elle _____ a besoin pour son travail.

6 Pourquoi vont-ils à Paris? Parce qu'ils _____ travaillent.

7 Achètes-tu souvent du chocolat? Oui, j' _____ achète toutes les semaines.

8 Aimez-vous le cinéma? Oui, nous _____ allons chaque vendredi soir.

9 Mangent-elles souvent des fruits? Oui, elles _____ mangent régulièrement.

10 Aimez-vous Les Alpes? Oui, nous _____ allons tous les hivers.

11 Complétez le texte avec les verbes entre parenthèses.

Le coin des animaux
Fifi le caniche
'Elle est adorable, ma petite Fifi. Moi, je
1 _____ (se lever) vers 7h mais je crois
qu'elle 2 _____ (se réveiller) plus tôt. Je
3 _____ (prendre) mon petit déjeuner à
environ 8h, Fifi aussi. Après le petit déjeuner,
nous 4 _____ (se promener) dans le Bois
de Boulogne.'

Indiano le chat persan
'J'adore mon chat persan bien-aimé. Indiano
5 _____ (se réveiller) très tôt et il
6 _____ (commencer) à miauler tout de
suite. Il 7 _____ (sortir) rarement le matin,
mais le soir il 8 _____ (aller) dans le jardin
du voisin pour 9 _____ (attraper) des
souris ou des oiseaux. Le soir il 10 _____
(s'asseoir) sur mes genoux et je le
11 _____ (caresser). Quand je
12 _____ (se coucher) vers minuit, lui il
13 _____ (dormir) depuis longtemps.'

Chichi le canari
'Il est beau, il est jaune et il 14 _____
(chanter) beaucoup. Il ne 15 _____
(s'endormir) presque jamais, même si je
16 _____ (couvrir) sa cage. Le matin
quand je lui 17 _____ (dire) bonjour, il me
18 _____ (regarder) d'un air moqueur. Je
lui 19 _____ (donner) des graines et de
l'eau, et une fois par semaine, je 20 _____
(nettoyer) sa cage.

12 Remplacez les mots surlignés par les pronoms correspondants.

> ### Pense-bête!
>
> Note that the type of object used does not always correspond in English and French. Compare:
>
> Claude **le** *(direct)* regarde = Claude is looking at him/it *(indirect)*
>
> Claude **l'** *(direct)* écoute = Claude is listening to him/her/it *(indirect)*
>
> Claude **lui** *(indirect)* téléphone = Claude phones him/her/it *(direct)*

1 Le chat regarde la souris . Il _____ regarde d'un air intéressé.

2 Elle promène le chien régulièrement. Elle _____ promène deux fois par jour.

3 Je dis bonjour au canari . Je _____ dis bonjour chaque matin.

4 Il observe les oiseaux dans le jardin. Il _____ observe avec des jumelles.

5 Vous donnez à manger aux hamsters . Vous _____ donnez des graines et des fruits.

6 Elle donne du poisson à son chat . Elle _____ donne du poisson frais.

7 Nous montrons les cochons d'Inde aux enfants . Nous _____ montrons les cochons d'Inde dans le magasin.

8 Ils donnent des pommes aux chevaux . Ils _____ donnent des pommes vertes.

13 Remplacez les mots surlignés par les pronoms correspondants.

> ### Pense-bête!
>
> When several pronouns are used, their order is as follows:
>
> | me | le/l' | | | |
> |------|-------|------|---|-----|
> | te | | lui | | |
> | se | la/l' | | y | en |
> | nous | | leur | | |
> | vous | les | | | |

1 Elle donne du poisson à son chat .

2 Vous donnez des graines et des fruits aux hamsters .

3 Nous montrons les cochons d'Inde aux enfants .

4 Ils donnent des pommes aux chevaux .

5 Elle attend ses amis à l'aéroport .

6 Les enfants demandent de l'argent de poche à leur mère .

7 Le patron annonce la mauvaise nouvelle aux ouvriers .

8 Il ne parle pas de ses problèmes à son prof .

14 **Remplacez les mots surlignés par les pronoms correspondants pour répondre *Oui* et *Non* aux demandes suivantes.**

Dans la salle de classe

1 Vous me donnez le livre ?   Oui, _____

2 Vous nous prêtez vos cahiers ?   Ah non, _____

3 Vous me montrez la carte .   Bien sûr, _____

Dans la cuisine

4 Tu me passes le beurre , s'il te plaît?   Oui, _____

5 Tu lui sers les céréales n'est-ce pas?   Mais oui, _____

6 Tu leur donnes la confiture ?   Désolée, _____

15 **Choisissez les mots qui correspondent aux définitions ci-dessous.**

> des yeux   un ver   une carte   un verre   des œufs   un arrosoir   un cartable   un ordinateur
> un clou   un clavecin   un portable   un poêle   une clé   un marteau   une carte de crédit
> de la monnaie   de l'argent de poche   une pièce de deux euros   une poêle

1 On en a besoin pour faire une omelette.
2 On s'en sert pour ouvrir la porte.
3 On s'en sert pour boire du vin.
4 On s'en sert pour payer les achats.
5 On l'utilise pour écrire des lettres ou faire des recherches sur l'Internet.
6 On l'utilise pour appeler quelqu'un quand on n'est pas chez soi.

16 **Êtes-vous un(e) bon(ne) ou mauvais(e) voisin(e)? Après chaque réponse, écrivez *'Bon(ne)'* ou *'Mauvais(e)'*.**

1 Votre voisin vous demande de lui prêter votre tondeuse à gazon.
   a Vous la lui prêtez volontiers.
   b Vous lui demandez de payer le carburant.

2 Votre voisin vous invite pour son anniversaire.
   a Vous l'invitez à dîner la semaine suivante.
   b Vous lui achetez un cadeau.

3 Les enfants de vos voisins font beaucoup de bruit.
   a Vous les insultez.
   b Vous leur demandez gentiment de baisser la radio.

4 Le facteur vous demande de prendre un paquet pour vos voisins.
   a Vous refusez de le prendre.
   b Vous le prenez et vous l'ouvrez. Ce sont des chocolats et vous les mangez tous.

5 Une branche du pommier de vos voisins pend dans votre jardin.
   a Vous leur demandez la permission de cueillir les pommes.
   b Vous coupez la branche un jour où ils ne sont pas là.

6 Votre voisin veut emprunter un tire-bouchon.
   a Vous lui dites que vous n'en avez pas.
   b Vous lui répondez que vous l'avez perdu.
   c Vous lui demandez un verre de vin.

FOIRE AUX QUESTIONS

Questions perso.

1 Comment s'appelle votre acteur/actrice préféré(e)?
2 Combien de fois par jour vous regardez-vous dans une glace?
3 Est-ce que vous vous lavez souvent les cheveux?
4 Avec vos amis, est-ce que vous vous embrassez pour vous dire bonjour et au revoir?/Est-ce qu'on s'embrasse dans votre famille?
5 Vous réveillez-vous à la même heure chaque jour?
6 À quelle heure vous levez-vous le week-end/quand vous êtes en vacances?
7 Est-ce que vous vous changez le soir?
8 Avez-vous des amis/des voisins qui se disputent souvent?
9 Est-ce que vous vous entendez bien avec vos frères et sœurs/parents/enfants/voisins?
10 Que faites-vous pour vous détendre?

À vous de poser les questions.

11 _____?
   De l'argent de poche? Je leur en donne toutes les semaines.
12 _____?
   Je ne sais pas. Je crois qu'ils achètent des bandes dessinées et des bonbons.
13 _____?
   Au cinéma? Non. Nous préférons rester chez nous le soir.
14 _____?
   Le soir? Nous regardons des films ou nous écoutons du jazz.
15 _____?
   Nos enfants? Ah non, ils ne regardent jamais la télé. Ils préfèrent jouer sur l'ordinateur.

BILAN

Maintenant vous pouvez parler de votre routine journalière et de ce que vous aimez faire le soir. Vous pouvez éviter les répétitions inutiles en utilisant des pronoms.

19
Dix-neuvième unité

Talking and enquiring about events in the past.
Using the perfect tense.

1 Répondez au questionnaire ci-dessous.

Questionnaire bonne mine / mauvaise mine

ÊTES-VOUS SPORTIF/IVE?

Nom _____ Prénom _____ Âge _____ Sexe _____

Qu'est-ce que vous avez fait le week-end dernier?

Vous avez fait une longue promenade?	Oui / Non		
Vous avez fait du tai-chi?	Oui / Non	du yoga?	Oui / Non
Vous avez joué au badminton?	Oui / Non	au squash?	Oui / Non
Vous avez joué au football?	Oui / Non	au rugby?	Oui / Non
Vous avez joué au golf?	Oui / Non	au tennis?	Oui / Non
Vous avez fait de la gym?	Oui / Non	de la musculation?	Oui / Non
Vous avez fait du vélo?	Oui / Non	du cheval?	Oui / Non
Vous avez fait de la natation?	Oui / Non	du jet-ski?	Oui / Non
Vous avez fait de la voile?	Oui / Non	de la planche à voile?	Oui /Non
Vous avez regardé des émissions de sport à la télé?	Oui / Non		

2 **Lisez les résultats du questionnaire de Joseph et dites ce qu'il a fait pendant le week-end.**

Joseph n'a pas fait de promenade. Il n'a pas fait de tai-chi. Il n'a pas fait de yoga. Il n'a pas joué au badminton, il n'a pas joué au rugby. Il n'a pas joué au golf. Il n'a pas joué au tennis. Il n'a pas fait de vélo. Il n'a pas fait de cheval. Il n'a pas fait de jet-ski. Il n'a pas fait de planche à voile. Il n'a pas regardé de matchs à la télé.

Pendant le week-end il a . . .

3 **Lisez les résultats du questionnaire de Jeanine et dites ce qu'elle n'a pas fait pendant le week-end.**

Pendant le week-end, Jeanine a fait une promenade pendant une heure le matin et le soir. Elle a fait du tai-chi et de la gym. Elle a joué au badminton et au squash. Elle a aussi fait de la natation et de la voile.

Elle n'a pas . . .

4 **Qu'est-ce que Jeanine et Joseph ont fait tous les deux?**

Ils ont . . ..

5 Où sont-ils allés en vacances?

1 J'ai acheté des tulipes.
2 On a mangé des sushis et des sashimis.
3 On a visité l'opéra de Sydney.
4 Elle a fait une excursion à Alcatraz.
5 J'ai visité le Louvre.
6 Les enfants ont parlé à Mickey et à Blanche-Neige.
7 Nous avons admiré la Joconde et la Vénus de Milo.
8 J'ai participé à un safari-photos.
9 Elle a fait une promenade à dos d'éléphant.
10 Ils ont assisté à un rodéo.

6 *Avoir* ou *être*? Ajoutez l'auxiliaire qui convient.

> **Pense-bête!**
>
> In the perfect tense, most verbs are conjugated with **avoir**, but remember that **aller** is conjugated with **être**.
>
> Revise both **avoir** and **être** before you start.

1 Il _____ pris l'avion pour aller en Ecosse.
2 Mériem _____ allée en vacances en Tunisie.
3 On _____ répondu tout de suite.
4 Vous _____ lu le dernier livre de Houellebecq?
5 Hier soir je _____ allé au ciné.
6 Les enfants _____ bu un Coca.
7 Elle _____ vu les Rocard dimanche dernier.
8 Ils _____ fini leurs devoirs.
9 J'_____ écrit à mes amis suisses.
10 Vous _____ allés à Euro Disney?

7 Mettez l'exercice précédent au négatif.

> **Pense-bête!**
>
> Only the auxiliary verbs, **avoir** or **être**, go between the negative words.

8 Mettez au passé composé.

> **Pense-bête!**
>
> Remember that the perfect tense – *le passé composé* – is a compound tense, even if the English equivalent is usually the simple past. You need to use both an auxiliary verb and the past participle of the verb.
>
> Don't forget the agreement of the past participle of **aller** which is conjugated with **être**.

1 Il lit le journal.
2 Je prends le métro.
3 Elles vont à la piscine.
4 Elle choisit un sac.
5 Nous mettons nos gants.
6 Tu fais du ski nautique?
7 On promène le chien.
8 J'écris des cartes postales.
9 Il va à la poste.
10 Vous vendez votre maison?

9 On est allé où? Pour chaque photo, dites où les gens sont allés.

EXEMPLE: Ils sont allés à la mairie/à l'hôtel de ville.

> **Pense-bête!**
>
> With verbs conjugated with **être**, the past participle agrees with the subject.
>
> Note that when the gender is not known, the masculine form is used.

1 Je *(masc.)* _____ .

2 Elle _____ .

3 Ils _____ .

4 Je *(fem.)* _____ .

5 Nous _____ .

6 Est-ce que tu _____ ?

10 Qu'est-ce qu'on a fait? Utilisez les photos 1 à 6 ci-dessus pour dire/demander ce que les gens ont fait.

EXEMPLE: Ils ont demandé des renseignements.

11 Regardez les post-its et dites ce que les personnes ont fait et n'ont pas fait.

Marie-Hélène

repassage	✗
banque	✓
réparer machine à laver	✗
réserver chambre d'hôtes	✓
e-mails Alena et Théo	✗

Jean-Luc

médecin (9 h)	✓
jogging	✗
coiffeur	✓
match de foot (stade de France)	✓
dîner	✓

Anne-Laure et Jamal

courses	✓
mairie	✓
piscine	✗
essence	✓
dîner chez Patrick et Fanchon	✓

Vous

Ménage	✓
11h dentiste	✓
bridge	✗
promenade	✗
téléphoner parents	✓
20h resto italien avec Luciano	✓

Maintenant, imaginez que vous êtes Anne-Laure et Jamal. Dites ce que vous avez/n'avez pas fait. Utilisez *Nous*. Ensuite, écrivez quelques phrases vraies sur ce que vous avez fait samedi dernier.

12 Passé, présent ou futur?

EXEMPLE: Il envoie beaucoup d'e-mails à son correspondant. → Présent

1 Elle m'a téléphoné pour m'apprendre la bonne nouvelle.
2 Pourquoi es-tu allé à New York?
3 Ils vont faire du cheval pendant les vacances.
4 On a lu tous les livres de Harry Potter.
5 On va au restaurant de temps en temps.
6 J'ai envoyé des cartes postales à mes amis.
7 Qu'est-ce que vous allez faire à Noël?
8 Je vais écrire à Emma pour l'inviter.
9 Tu habites à Toulouse depuis combien de temps?
10 Vous êtes déjà allés à la Martinique?

13 Reliez la liste A à la liste B pour compléter les phrases.

Liste A

1 J'ai acheté des pommes
2 Ils vont aller à la mer
3 Vous faites les courses
4 Elle a dormi
5 Il a pris la voiture
6 Je suis allée chez le coiffeur
7 Ils jouent au tennis
8 Tu as téléphoné à Luc
9 On a mangé au restaurant
10 On va aller au ciné
11 Je n'ai pas lu le journal
12 Il fait collection de timbres

Liste B

a hier soir pour fêter son anniversaire.
b depuis l'an 2010.
c le dimanche quand il fait beau.
d pendant les vacances.
e ce matin – j'étais trop pressée!
f ce soir à la séance de 8 heures.
g tous les jours?
h hier pour faire une tarte.
i jusqu'à midi.
j ce matin pour aller travailler.
k combien de fois hier?
l la semaine dernière – c'est trop court!

EXTENSION

a The past participles of **–frir** and **–vrir** verbs are **–fert** and **–vert** respectively (ouvrir → ouvert, souffrir → souffert).
Other common irregular past participles are:
pleuvoir → plu, recevoir → reçu.

Mettez au passé composé.
1 Je reçois beaucoup de lettres.
2 Il pleut tous les jours.
3 On boit un jus d'orange.
4 Les enfants mettent leur maillot de bain.
5 Ils voient la mer pour la première fois.
6 Le magasin ouvre à neuf heures.
7 Il ne souffre pas.
8 Vous ne prenez pas le bus?
9 Je lis le journal de la première à la dernière page.

EXTENSION

b Other commonly used verbs are conjugated with **être**: arriver, partir, entrer, rester, sortir, venir (→ *past participle* venu).
All reflexive verbs are also conjugated with **être** (eg Elle s'est réveillée).

Mettez au passé composé.

10 Nous restons à la maison
11 Elle arrive tôt.
12 Vous sortez les enfants?
13 Ils viennent nous voir.
14 Je me lève à 5 h du matin.
15 Elle se couche tard.
16 Le train part à 10 h.

> *Pense-bête!*
>
> Don't forget the agreement of the past participle with verbs conjugated with **être**.

FOIRE AUX QUESTIONS

Questions perso.

1 Avez-vous fait des travaux ménagers hier?
2 Avez-vous acheté quelque chose de spécial récemment?
3 Quel bon film avez-vous vu récemment?/Quel est le dernier livre que vous avez lu?
4 Quand avez-vous mangé au restaurant pour la dernière fois?
5 Qu'avez-vous fait l'année dernière à Noël?
6 Êtes-vous déjà allé(e) aux sports d'hiver?
7 Est-ce que vous avez rencontré de nouvelles personnes récemment?
8 Est-ce que vous avez eu une bonne ou une mauvaise surprise récemment?
9 Où avez-vous passé vos dernières vacances?

À vous de poser les questions.

10 _____ ?
Ce matin j'ai mangé du pain grillé et j'ai bu du café.
11 _____ ?
Oui, j'ai envoyé des e-mails et j'ai téléchargé trois films

Questions de connaissances générales.

12 Qui a gagné l'Oscar de la meilleure actrice pour son rôle dans un film sur la vie d'Edith Piaf?
13 Qui a écrit *Le tour du monde en 80 jours*?
14 Qui a composé 'Le Carnaval des Animaux'?
15 Quel peintre impressionniste a habité une maison avec un jardin magnifique à Giverny?

BILAN

Maintenant vous pouvez parler du passé – dire ce que vous avez fait, où vous êtes allé et ce que les autres ont fait. Vous pouvez aussi poser des questions sur le passé d'autres personnes.

20
Vingtième unité

Health and fitness. Saying what is wrong with you. Enquiring about sports facilities. At the doctor's and the chemist's.
The imperative. **Avoir mal**.

1 Reliez les mots aux numéros.

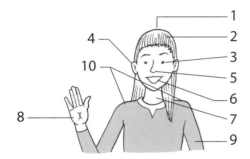

a la bouche	f une main
b une oreille	g les épaules
c le nez	h un bras
d la tête	i les cheveux
e le cou	j un œil

2 Nommez les parties du corps.

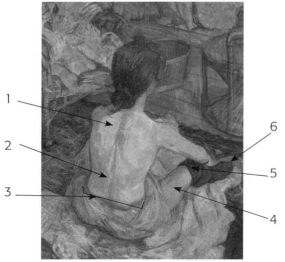

3 Donnez des ordres à un groupe de personnes.

EXEMPLE: Prenez une douche!

1 Bonjour la classe! _____ (se lever)!
2 _____ (mettre) les mains sur les hanches!
3 _____ (tendre) les bras!
4 _____ (se pencher) à gauche!
5 _____ (toucher) vos pieds!
6 _____ (tourner) la tête à droite!
7 _____ (regarder) derrière vous!
8 _____ (se coucher) sur le dos!
9 _____ (fermer) les yeux!
10 _____ (respirer) à fond par le nez!

4 Donnez les mêmes ordres à un(e) enfant.

1 Bonjour petit(e)! . . .

5 Complétez les conseils.

Une mère à son fils.
1 _____ (se lever) trop tard le matin!
2 _____ (se laver) avant de t'habiller!
3 _____ (prendre) le petit déjeuner tous les matins!

À des amis qui partent en vacances.
4 _____ (oublier) vos passeports et vos billets!
5 _____ (être) à l'aéroport à l'heure.
6 _____ (prendre) quelques vêtements chauds!

À une personne stressée.
7 _____ (respirer) à fond par le nez.
8 _____ (se reposer).
9 _____ (se coucher) de bonne heure.

6 Demandez à un(e) ado de faire/ne pas faire les choses suivantes.

7 Demandez à un groupe de personnes de faire/ne pas faire les choses suivantes.

Pense-bête!

Remember that there are different ways of giving orders in French, so it is a good idea to revise them before starting the exercises on this page.

8 Regardez les dessins et dites où cette personne a mal.

EXEMPLE: Elle a mal aux yeux.

1 la main droite
2 le ventre
3 les genoux
11 la cheville
les yeux
4 les bras
5 la jambe gauche
6 les pieds
7 la tête
8 les oreilles
9 le cou
10 le dos

Pense-bête!

To express having a pain, ache or sore place, simply use **avoir mal (à)** + the part of the body affected.

Remember to use **au** + *masc.*, **à la** + *fem.*, **à l'** + word starting with vowel or **h** aspirate and **aux** + *pl.*

9 Qui parle. Le docteur ou le/la malade?

1 Alors qu'est-ce qu'il y a?
2 Vous avez certainement une angine.
3 Vous allez me faire une ordonnance?
4 Des suppositoires. J'ai toujours du mal à avaler les pillules!
5 Vous avez vomi?
6 Vous avez mal à la tête?
7 Bien sûr. Vous préférez des suppositoires ou des comprimés?
8 Oui, à la tête et aussi à la gorge.
9 Et vous avez de la température, je suppose.
10 Pas encore, mais j'ai mal au cœur.
11 Oui, 39 de fièvre! C'est grave?
12 J'ai mal partout.

10 Reliez la liste A à la liste B.

Liste A
1 Je voudrais recevoir
2 Il voudrait faire
3 Je voudrais prendre
4 Elle cherche un cours
5 Ils voudraient apprendre
6 On voudrait participer
7 Je ne veux pas m'inscrire

Liste B
a à un cours d'aérobic.
b au marathon de New York.
c les renseignements par écrit.
d des cours de tango.
e de la musculation.
f de natation pour ses enfants.
g à faire du ski.

11 Débrouillez les deux conversations à la pharmacie.

1 Prenez ces gouttes trois fois par jour.
2 Moustique, guêpe, abeille?
3 Je les prends quand exactement?
4 Alors mettez cette crème mais je vous conseille de changer d'emplacement.
5 Je voudrais quelque chose contre les piqûres d'insectes.
6 Après les repas et surveillez aussi votre régime.
7 De guêpes. Il y a des arbres fruitiers près du camping.
8 Je voudrais quelque chose pour le foie.

12 Trouvez l'intrus.

1 rhume	angine	grippe	comprimé
2 langue	suppositoire	bras	cou
3 rendez-vous	sirop	pastille	lotion
4 médecin	ordonnance	pharmacien	dentiste
5 doigt	cœur	médicament	pied

13 Quelles phrases sont possibles?

1 Elle a attrapé . . .   un rhume, des comprimés, un coup de soleil, un papillon, une guêpe, une crème protectrice.
2 Ils ont pris . . .   leur température, l'avion, les pillules, les abeilles, les oreillons, la deuxième à gauche.
3 Elles ont mis . . .   de l'huile solaire, un régime, une robe élégante, du rouge à lèvres, une chemise, une commode.
4 Nous avons fait . . .   des rêves horribles, la banque, le ménage, les courses, l'ordinateur, une allergie.
5 Vous avez écrit   un e-mail, ton nom, une carte, un massage, une angine, une ordonnance.

EXTENSION

Que signifient ces expressions qui utilisent certaines parties du corps? Essayez de choisir la bonne réponse.

1 avoir **l'œil** au beurre noir
a avoir les yeux trop maquillés
b porter des lunettes de soleil
c avoir reçu un coup dans l'œil

2 dormir sur ses deux **oreilles**
a être distrait
b dormir profondément
c avoir des problèmes de concentration

3 avoir les **dents** longues
a avoir très faim
b avoir des dents disgracieuses
c être très ambitieux

4 avoir le **bras** long
a avoir beaucoup d'influence
b être cleptomane
c ressembler à un singe

Coin Info

La carte Vitale

France has universal healthcare. Its **Sécurité Sociale** (the equivalent of the National Health Service) covers up to 70 per cent of services from health professionals, including dental and eye care, but also hospital expenses and prescription drugs. The **carte Vitale** (a sort of national health card) is the mechanism by which patients' health costs are recorded. It has a chip containing personal identification details which serve as proof of insurance and is issued to individuals aged 16 and over. Doctors and chemists scan it into their computers and enter the relevant information which is then sent electronically to the **Sécurité Sociale** office.

When used at the chemist's, the card-holder only pays the percentage that is not covered by their insurance policy. Where they qualify for partial reimbursements, these are usually processed within one week. The advantage of the **carte Vitale** is that it is completely paper-free.

FOIRE AUX QUESTIONS

Questions perso.

1 Êtes-vous inscrit(e) à un cours de yoga/de danse?
2 Prenez-vous des cours de judo/ karaté ou d'un autre art martial?
3 Faites-vous de l'exercice régulièrement?
4 Avez-vous déjà participé à un marathon/à une course cycliste/ automobile?
5 Êtes-vous membre d'un club de sport/de remise en forme?
6 Mangez-vous beaucoup de gras/de sucre/de sel?
7 Demandez-vous quelquefois des conseils à votre pharmacien?
8 Avez-vous souvent la migraine/mal à la tête?

À vous de poser les questions.

9 _____?
   J'ai mal là.
10 _____?
   Non, parce que vous n'avez pas besoin de médicaments, mais arrêtez de fumer et faites du sport.
11 _____?
   Oui. Prenez une pillule une heure avant la traversée.
12 _____?
   Je ne sais pas. Je n'ai pas pris ma température.
13 _____?
   Ah non docteur, pas beaucoup. Seulement deux ou trois verres par jour.

BILAN

Maintenant vous pouvez dire où vous avez mal et discuter de vos problèmes de santé avec le médecin ou le pharmacien. Vous pouvez comprendre et donnez des ordres. Vous pouvez vous inscrire dans un club sportif et dire ce que vous faites pour rester en forme.

21

Vingt et unième unité

Describing appearance and character. Holiday plans.
More adjectives. Present tense of **vouloir**, **pouvoir**, **devoir**, **savoir** and **connaître**.

1 Complétez les descriptions en utilisant la bonne forme de l'adjectif.

Pense-bête!

Remember that adjectives agree in gender and number with the noun they qualify, except when they are nouns used as adjectives (eg a fruit) or when the adjective is itself qualified (eg **bleu marine**).

Julien est **1** _____ (grand) et **2** _____ (mince). Il a les yeux **3** _____ (bleu), les cheveux **4** _____ (brun) et une moustache **5** _____ (brun).

Françoise et Michelle, les sœurs jumelles, sont plutôt **6** _____ (rond) et **7** _____ (petit). Elles ont les yeux **8** _____ (noisette) et les cheveux **9** _____ (blond). Françoise a les cheveux **10** _____ (long) tandis que Michelle a les cheveux **11** _____ (court).

Daniel est de taille **12** _____ (moyen). Il a les yeux **13** _____ (gris) et les cheveux **14** _____ (noir). Il a une **15** _____ (petit) moustache et une **16** _____ (long) barbe.

2 Trouvez les contraires et donnez les formes correctes des adjectifs dans l'encadré.

1 Une histoire ennuyeuse.
2 Des devoirs faciles.
3 Des vêtements démodés.
4 Une mauvaise idée.
5 Un petit problème.
6 Une vieille voiture.
7 Le premier étage.
8 Le nouveau maire.

> dernier   gros   difficile   neuf   intéressant
> ancien   bon   moderne

3 Donnez le féminin.

1 Un vieux château; une _____ maison.
2 Un homme sportif; une activité _____ .
3 Des croissants frais; de la crème _____ .
4 Un garçon paresseux; une fille _____ .
5 Un bon repas; une _____ nouvelle.
6 Un mauvais vin; une _____ bouteille.
7 Des gants neufs; des chaussures _____ .
8 Le nouveau professeur; la _____ école.

4 Complétez la description des tableaux (page 116) en utilisant les mots ci-dessous.

noirs • mince • moustache • raides • yeux
robe • brune • cheveux • chapeau • jeune
jolie • barbe

Autoportrait au chevalet, Vincent van Gogh
(1853–1890)
Il n'a pas l'air très **1** _____. Il a les
2 _____ verts. Ses **3** _____
sont blond vénitien assez courts.
Sa **4** _____ et sa **5** _____ sont rousses.

Jane Avril dansant, Henri de
Toulouse-Lautrec (1864 –1901)
Elle est grande et **6** _____.
Elle est assez **7** _____. Elle porte
un **8**_____ à plumes, et une
9 _____ bleue. Elle est en train
de danser.

Femmes de Tahiti, Paul Gauguin (1848 –1903)
Les deux femmes portent des vêtements de
couleurs vives. Elles ont la peau **10** _____ et
les cheveux **11** _____, longs et **12** _____ .
Elles sont assises sur une plage.

5 Répondez aux questions.

À la recherche de l'amitié

Supernova
Jeune divorcée, 33 ans, de taille moyenne, plutôt
ronde, cheveux courts roux et bouclés, yeux bleus,
sans enfants, cherche compagnon (35–40 ans)
aimant sortir le soir (films, concerts, théâtres).
Possibilité week-ends à la montagne (ski, luge,
raquettes).

Apollon
Grand blond bronzé, très musclé, d'une trentaine
d'années. Cheveux raides portés en queue de
cheval, yeux noisette, passionné de sport, cherche
à s'entraîner avec jeune femme athlétique. Doit
aimer enfants.

1 Qui a les cheveux assez longs?
2 Qui n'a pas les cheveux raides?
3 Qui aime aller au spectacle?
4 Qui n'a pas les yeux verts?

5 Qui n'est pas mince?
6 Qui aime le sport?
7 Qui a probablement de jeunes enfants?
8 Qui cherche une personne sportive?

EXTENSION

Choisissez votre animal familier.

Le chien / le chat de mes rêves!

Il est grand / petit / de taille moyenne.
Il a les poils courts / longs / mi-longs / raides / bouclés.
Il a les yeux bleus / verts / bruns / gris / noirs / noisette.
Il a la queue courte / mi-longue et souple / longue et touffue.
Il est indépendant / Il vient quand

je l'appelle / Il me suit partout.
Il mange tout / Il est difficile.
Il est patient / doux / gentil / affectueux / intelligent / orgueilleux / nerveux.
Il adore mes caresses.
Il me traite en chef.
Il miaule / aboie quand je quitte la maison.
C'est un _____ (berger allemand, chat siamois etc.).

6 Utilisez les photos pour dire ce que l'on peut et ce que l'on ne peut pas faire.

Pense-bête!

On peut and **On ne peut pas** are always followed by verbs in the infinitive.

EXEMPLE:

On peut stationner/se garer sur le trottoir.

1

2

3

4

5

6

7

8

9

10

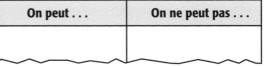

On peut . . .	On ne peut pas . . .

7   Une émission de télé-réalité: **On a échangé nos femmes!**
Marylène va passer deux semaines chez Christophe (le mari de Claire). Elle a fait des listes de règles pour sa nouvelle famille, Christophe et les deux enfants, Martine (15 ans) et Pierre (10 ans). Lisez les règles.

Tâches		
Christophe	*Martine*	*Pierre*
préparer petit déj'	faire vaisselle	faire vaisselle
promener chien	passer aspirateur	cochons d'Inde: donner à
faire courses	faire lit	manger et nettoyer cage
éplucher légumes	manger à table	faire lit
laver voiture	nettoyer salle	manger à table
ranger garage	de bains	ranger séjour

Interdictions		
se lever tard	manger bonbons/	se disputer
bière devant télé	chocolat/chips	manger bonbons/chocolat/
	se disputer	chips
	maquillage	jeux vidéo

Maintenant dites ce que les membres de la famille doivent/ne doivent pas faire.

Christophe _____ .

Martine _____ .

Pierre _____ .

Martine et Pierre _____ .

8   **On a échangé nos femmes! (suite).**
Maintenant Martine parle de l'expérience à sa copine Diana. Continuez:

Écoute Diana, c'est barbant! Moi je
_____ .

Pierre et moi, nous _____ .

9   Mettez la conversation dans le bon ordre.

1   Je veux passer mes vacances en Bretagne cette année, mais je ne sais pas où exactement.

2   Vous cherchez un hôtel en ville ou à la campagne?

3   Oui, mais l'inconvénient c'est que quelquefois on ne peut pas y manger le soir.

4   Probablement. Je pars en vacances avec mon père et il a besoin de confort.

5   De préférence à la campagne au calme.

6   Il nous faut une chambre au rez-de-chaussée.

7   Vous avez pensé aux chambres d'hôtes?

8   Vous voulez un petit hôtel de charme?

9   Vous voulez descendre à l'hôtel?

10 Posez les questions avec *Vous savez* ou *Vous connaissez.*

> ### Pense-bête!
>
> **savoir** is to know a fact (eg that . . ., if . . ., when . . ., why . . ., how . . . etc.).
>
> **connaître** is to know a person, a place or a thing (eg M. Leblond, Paris, a book, etc.).

1   Paris

2   s'il va faire beau demain

3   le professeur d'aérobic

4   comment s'appelle le propriétaire

5   le Palais de Versailles

6   une personne célèbre

7   jouer au golf

8   comment on fait les omelettes

11 Complétez avec savoir ou connaître.

> **Pense-bête!**
>
> As both verbs are irregular, revise their conjugations before you start.

– Vous **1** _____ où partir en vacances cet été?

– Non, je ne **2** _____ pas pour

l'instant. Mais je **3** _____ très bien l'Espagne, et je pense y retourner.

– Vous **4** _____ Madrid?

– Non, je ne **5** _____ pas du tout l'intérieur du pays.

– Les Lebrun y vont en vacances tous les ans. Maintenant ils **6** _____ beaucoup de gens et ils **7** _____ très bien parler espagnol.

12 Reliez la liste A à la liste B pour trouver les solutions aux problèmes.

Liste A

1 J'ai maigri.
2 Je veux apprendre l'italien.
3 J'ai perdu mon sac de sport.
4 Je suis fatigué.
5 J'ai soif.
6 J'ai mal à la tête.
7 Je ne suis pas en forme.
8 Mon frigo est vide.
9 Il y a une fuite d'eau dans la salle de bains.
10 Je n'ai rien à lire.

Liste B

a Il faut appeler un plombier.
b Vous devez aller à la bibliothèque.
c Il faut bien manger.
d Vous devez suivre un cours.
e Vous devez faire les courses.
f Il faut boire un verre d'eau.
g Vous devez aller aux Objets Trouvés.
h Vous devez vous reposer.
i Il faut prendre de l'aspirine.
j Il faut faire de la gymnastique.

13 **On a échangé nos femmes! (suite et fin).** Lisez ce que disent Christophe et Roger sur leur partenaire d'échange.

Christophe (le mari de Claire) sur Marylène:
Marylène est plutôt rigide et la seule chose qui l'intéresse, c'est la maison. Elle passe son temps à faire le ménage et la cuisine. Personnellement j'aime bien la cuisine végétarienne de temps en temps, mais pas tous les jours. Comme les enfants détestent les légumes, l'heure des repas est une expérience pénible. Le soir elle veut toujours rester à la maison. Elle aime regarder des émissions sérieuses à la télé alors que moi j'ai besoin de me détendre. Elle ne veut jamais sortir. Je trouve aussi qu'elle est trop stricte avec les enfants. Ils doivent toujours l'aider et ne peuvent pas regarder la télé s'ils n'ont pas fait leurs devoirs et la vaisselle. Franchement, je déteste ce type de femme. Elle n'est pas du tout moderne et je la trouve très ennuyeuse. La quinzaine me semble tellement longue qu'il est grand temps que Claire revienne.

Roger (le mari de Marylène) sur Claire:
Claire n'a aucun talent pour la vie de famille, elle se comporte plus en ado qu'en femme adulte. Elle passe des heures dans la salle de bains et elle se change plusieurs fois par jour. Elle est paresseuse, elle ne fait jamais le ménage et elle ne sait pas faire la cuisine. J'en ai marre de manger soit des plats pour micro-ondes soit des steaks-frites. Elle veut toujours aller dîner au restaurant et sortir avec des amis. Elle n'a aucune autorité sur les enfants et elle ne les aide pas à faire leurs devoirs. Elle encourage mes filles à se maquiller et à choisir des vêtements qui ne sont pas de leur âge. Elle les laisse regarder la télé quand elles veulent et manger des sucreries et des chips entre les repas. Elle ne les oblige même pas à ranger leur chambre. Au moins, avec Marylène, notre vie de famille est structurée. Sans elle, c'est la panique totale. Je pense que j'ai appris ma leçon: pour moi la seule femme qui compte, c'est la mienne!

Qui est-ce, Marylène ou Claire?

1 Elle ne passe pas beaucoup de temps aux tâches ménagères.
2 Elle ne mange pas de viande.
3 Elle a une vie sociale active.
4 Elle a la même personnalité qu'une adolescente.
5 Elle est très travailleuse et plutôt rigide.
6 Le maquillage et la mode l'intéressent.
7 Elle fait travailler les enfants.
8 Elle prend la vie trop au sérieux.
9 Elle veut que la maison soit propre et bien rangée.
10 Elle n'est pas assez stricte avec les enfants.
11 Elle n'aime pas sortir.
12 Elle n'aime pas faire la cuisine.

FOIRE AUX QUESTIONS

Questions perso.

1 Pouvez-vous décrire un(e) de vos amis?
2 Savez-vous faire du cheval/du vélo?
3 Savez-vous jouer au golf/au cricket?
4 Savez-vous danser la valse et le cha-cha-cha?
5 Connaissez-vous des personnes célèbres?
6 Pouvez-vous faire une marche de 15 km sans problème?

À vous de poser les questions.

7 _____?
Bien sûr, voilà le plan.
8 _____?
Je regrette madame. Le château est fermé aujourd'hui.
9 _____?
La Belgique? Non, je ne la connais pas du tout.

10 _____?
Cette année ils veulent aller dans une région d'Italie qu'ils ne connaissent pas.

Questions de connaissances générales.

11 Savez-vous comment s'appelle la pièce où travaille le président des États-Unis?
12 Savez-vous où se trouve le Parc Astérix?
13 Est-ce que vous savez ce que sont les bêtises de Cambrai?
14 Pouvez-vous nommer la ville d'où vient le nougat?
15 Connaissez-vous le surnom du roi Louis XIV?

BILAN

Maintenant vous pouvez vous décrire et décrire d'autres personnes. Vous pouvez faire des projets de vacances. Vous pouvez dire ce qu'on peut, veut, doit et sait faire et parler de vos connaissances.

Key to exercises

Unité 1

1 1 messieurs, 2 bienvenue, 3 Limoges, 4 suis,
5 m'appelle.

2 3, 5 4, 2.

3 1 d, 2 c, 3 e, 4 a, 5 b.

4 1 g, 2 e, 3 h, 4 f, 5 d, 6 c, 7 a, 8 b.

5 1 e, 2 f, 3 n, 4 m, 5 h, 6 b, 7 o, 8 d, 9 k, 10 i, 11 l,
12 j, 13 a, 14 c, 15 g.

6 1 africaine, africains, africaines, 2 américain,
américains, américaines, 3 australien, australienne,
australiennes, 4 chinois, chinoise, chinois,
5 indienne, indiens, indiennnes, 6 canadien,
canadienne, canadiennes, 7 japonais, japonais,
japonaises, 8 polonais, polonaise, polonais.

7 1 Vrai. 2 Faux. La pizza et les raviolis sont italiens.
3 Faux. La paella et les tapas sont espagnols. 4 Faux.
La vodka et le bortch sont russes. 5 Faux. Le sushi est
japonais. 6 Vrai. 7 Faux. Le curry est indien.
8 Faux. La tarte tatin est française. 9 Vrai. 10 Vrai.
11 Faux. Les brownies sont américains. 12 Faux.
L'apfelstrudel est autrichien.

8 1 d, 2 e, 3 b, 4 c, 5 a.

9 1 bonjour, 2 Nicole et Daniel, 3 français, 4 sommes,
5 Et vous, 6 suis, 7 Reading, 8 nom, 9 m'appelle,
10 Bienvenue.

10 1 suis, 2 sommes, 3 sont, 4 es, 5 suis, 6 sont, 7 est,
8 sont, 9 est, 10 Es, 11 êtes, 12 sont.

11 1 Je, 2 Elles, 3 Tu, 4 vous, 5 Nous, 6 Il, 7 Ils, 8 Elle,
9 Je, 10 vous.

12 1 ils, 2 ils, 3 elles, 4 il, 5 elle, 6 nous.

13 1 Rafael Nadal est né à Manacor; il est espagnol.
2 Hugh Jackman est né à Sydney; il est australien
3 Cristiano Ronaldo est né à Funchal; il est portugais.
4 Donatella Versace est née à Reggio di Calabria;
elle est italienne. 5 Paolo Coelho est né à Rio; il
est brésilien. 6 Sophie Marceau et Marion Cotillard
sont nés à Paris; elles sont françaises. 7 Justin
Bieber est né à Stratford, Ontario; il est canadien.
8 Michelle Obama est née à Chicago; elle est
américaine.

EXTENSION 1 est né au Canada. 2 est né en Australie.
3 sont nées en France. 4 est né en Espagne. 5 est
né en Irlande. 6 est né en Allemagne. 7 est née aux
Etats-Unis. 8 est né en Chine.

14 1 f, 2 e, 3 a, 4 b, 5 g, 6 c, 7 d.

15 7, 10, 2, 8, 5, 3, 9, 4, 6.

16 1 C'est Fouzia, 2 Oui, c'est la guide de Tourloire.
3 Oui, elle est française. 4 Non, elle est de Saumur.
5 Non, elle est née à Casablanca.

17 1 e, 2 j, 3 i, 4 k, 5 l, 6 b, 7 d, 8 a, 9 f, 10 h, 11 c, 12 g.

18 ITALIEN, AUSTRALIEN, AMÉRICAIN, ALLEMAND,
CANADIEN, AFRICAIN, SUISSE, BELGE, ESPAGNOL,
INDIEN, RUSSE, ANGLAIS.

FAQ 5 Comment vous appelez-vous?/Quel est votre
nom? 6 Tu es d'où?/D'où es-tu? 7 Etes-vous/Est-ce
que vous êtes/Vous êtes français? 8 Qui est-ce?
9 Quel est votre nom?/Comment vous appelez-
vous? 10 D'où êtes-vous/Vous êtes d'où?
11 française, 12 en Corse, 13 écossais, 14 en
Provence, 15 (*Suggested answers*) la Corse, l'île de
la Réunion, 16 (*Suggested answer*) Rouen.

Unité 2

1 1 marié, 2 mariée, 3 petit ami, 4 célibataires,
5 partenaire, 6 petite amie, 7 pacsés.

2 1 médecin, 2 pompier, 3 coiffeur, 4 dentiste,
5 enquêtrice, 6 guide, 7 ingénieur, 8 cuisinier,
9 acteur, 10 pêcheur, 11 ouvrier, 12 professeur.

3 1 d, 2 f, 3 i, 4 a, 5 h, 6 l, 7 b, 8 k, 9 j, 10 g, 11 e, 12 c.

4 1 un, 2 une, 3 une, 4 un, 5 une, 6 un, 7 un, 8 une,
9 un, 10 un, 11 un, 12 un.

EXTENSION 1 **b** journaliste: pour un journal/pour
la radio/pour la télévision; réceptionniste: dans un
bureau/dans un cabinet médical/dentaire / pour une
entreprise; hôte/hôtesse d'accueil: dans un centre de
conférences; vétérinaire: dans un cabinet vétérinaire;
chauffeur de taxi: dans la rue; serveur/serveuse:
dans un café-restaurant; facteur/ factrice: dans la
rue / à la poste; fermier/fermière: dans une ferme;
homme/femme au foyer: à la maison; informaticien/
informaticienne: dans un bureau / pour une entreprise;
homme/femme d'affaires: pour une entreprise;
chirurgien/chirurgienne: dans un hôpital; moniteur de
ski: dans une station de ski / à la montagne; monitrice
d'auto-école: dans la rue / pour une entreprise;
hôtesse de l'air: dans un avion / dans un aéroport;

steward: dans un avion / sur un bateau; graphiste: dans un studio de design / pour une entreprise.

5 1 Vous êtes français? 2 D'où êtes-vous? 3 Vous êtes réceptionniste? 4 Vous êtes né à Paris? 5 Vous êtes marié? 1 Oui, je suis français. 2 Je suis de Paris. 3 Oui, je suis réceptionniste. 4 Non, je suis né à Bruxelles. 5 Non, je suis célibataire.

6 1 Elle est française? 2 Où travaille-t-elle? 3 Elle travaille dans un magasin? 4 Elle est née à Dijon? 5 Elle est mariée?

7 1 Je suis d'origine bretonne. 2 Je suis professeur dans un collège. 3 Je ne suis pas dentiste. 4 Je suis né au Canada. 5 Je travaille à temps partiel.

EXTENSION 2 1 réceptionniste, 2 comptable, 3 pompier, 4 cuisinier/cuisinière, 5 vétérinaire, 6 artiste/peintre, 7 architecte, 8 enquêteur/enquêtrice.

8 *You should have underlined:* 1 Bourgogne, hôpital, mariée, séparée, bourguignonne. 2 Cuisinier, restaurant, à la Martinique, marié, martiniquais. 3 Strasbourg, pacsés, chanteur, journaliste.

9 1 e, 2 a, 3 c, 4 f, 5 b, 6 d.

10 1 Je ne suis pas comptable. 2 Ils ne sont pas pompiers. 3 Je ne travaille pas dans un bureau. 4 Il n'est pas cuisinier. 5 Elle n'est pas coiffeuse. 6 Vous n'êtes pas professeur de sciences? 7 Il ne travaille pas dans une usine. 8 Nous ne sommes pas architectes.

11 1 j, 2 e, 3 g, 4 h, 5 f, 6 i, 7 a, 8 d, 9 c, 10 b.

12 (*Suggested answers*)
Stefano: Je suis d'Albertville, mais je suis né à Milan. Et vous?
Nellie: Je suis d'Annecy mais je suis née à Zurich.
Stefano: Vous êtes suisse?
Nellie: Oui, et vous?
Stefano: Moi, je suis italien.
Nellie: Vous êtes marié?
Stefano: Non, je suis célibataire. Et vous?
Nellie: Moi aussi, mais j'ai un partenaire qui s'appelle Julien.
Stefano: Quel est votre métier?
Nellie: Je suis réceptionniste, mais je travaille à temps partiel. Et vous?
Stefano: Je suis prof d'italien dans un collège et moniteur de ski pendant les vacances.

13 1 In Versailles, West of Paris. 2 Oran in Algeria. 3 In the Maghreb/North Africa. 4 In a factory (manufacturing electrical appliances). 5 No but he's got a partner. 6 It comes from Brittany. 7 Journalist. 8 Partly at home and partly in the Paris office. 9 She interviews famous people. 10 He revolutionized school dinners in England.

FAQ 4 Où travaillez-vous? 5 Qui est-ce? 6 Vous travaillez? 7 Et vous (monsieur)? 8 Ils sont ouvriers? 9 Quel est

votre métier? 10 Dans un hôpital ou une clinique. 11 Dans un studio, un théâtre ou en plein air. 12 Elle est actrice. 13 Ils sont chanteurs.14 Un moniteur de ski. 15 (Une) femme médecin/ministre (la ministre).

Unité 3

1 1 Deux vins, une bière et trois sandwiches. 2 Une eau gazeuse, deux cafés et un citron pressé. 3 Un café, un croque-monsieur et une glace à la vanille. 4 Un thé, un café et un cognac. 5 Un vin rouge, un vin blanc, un sandwich et un croque-monsieur. 6 Deux bières, une eau gazeuse, un thé et un jus d'orange.

2

Café des Sports Tarif des Consommations			
Boissons		**Snacks**	
café	1,25€	sandwich	3,80€
espresso	1,90€	croque-monsieur	4,50€
thé	2,20€	pizza	6,25€
jus de fruit	2,85€	quiche lorraine	6,25€
eau gazeuse	3,50€	salade niçoise	9€
limonade	2,60€	glace	2,65€
citron pressé	2,05€	sorbet	2,65€
bière	3,50€	crêpe	3,80€
vin	3,25€	gaufre	3,80€
kir	4,10€		

3 1 un, une, 2 un, un, 3 une, un, 4 une, un 5 des, des, 6 un, un, 7 des, un, un, un, 8 un, un, 9 une, un, une, une, 10 des, des.

4 5, 9, 6, 3, 11, 8, 4, 2, 10, 7.

5 1 Carte B is the winning card. 2 You should have picked Carte A. 3 You should have picked Carte A.

6 3 treize, 4 neuf, 6 quatorze, 9 onze, 10 soixante.

7 1 un fils, une maison, une voiture, un chien, un lapin, une mobylette. 2 un mari, un appartement, un chat, des poissons rouges, un vélo, un camion, un bateau.

8 1 ai, 2 a, 3 avons, 4 a, 5 ont, 6 ai, 7 avez, 8 as, 9 ont, 10 a.

9 1 Je n'ai pas de fille. 2 Il n'a pas d'appartement. 3 Nous n'avons pas de bateau. 4 Valérie n'a pas de voiture. 5 Les enfants n'ont pas de poissons rouges. 6 Je n'ai pas de chien. 7 Vous n'avez pas de garage? 8 Tu n'as pas de vélo? 9 Ils n'ont pas d'amis à Paris. 10 Elle n'a pas de cochon d'Inde.

10 1 Tu, 2 j', 3 il, 4 vous, 5 il, 6 Nous, 7 ils, 8 Je, 9 elle, 10 Vous, 11 ils, 12 Nous.

11 1 mon, 2 mes, 3 ma, 4 mes, 5 mon, 6 ma, 7 mon, 8 ma.

12 1 g, 2 e, 3 h, 4 f, 5 a, 6 d, 7 b, 8 c.

13 1 J'en ai quatre. 2 J'en ai une. 3 Ils en ont deux. 4 J'en ai un. 5 Elle en a beaucoup. 6 J'en ai douze bouteilles. 7 J'en ai vingt bouteilles. 8 Il en a deux. 9 Elle n'en a pas. 10 Je n'en ai pas.

14 1 vrai, 2 faux, 3 vrai, 4 faux, 5 faux, 6 vrai.

FAQ 7 Est-ce que vous avez/Vous avez/Avez-vous une voiture? 8 Est-ce que vous avez/Vous avez/Avez-vous des amis anglais/en Angleterre? 9 Est-ce que vous avez/Vous avez/Avez-vous des chats/des poissons rouges/des hamsters etc (*anything you can have 10 of*). 10 (Bière) bouteille ou (bière) pression? 11 Qu'est ce que vous prenez?/Vous désirez? 12 C'est tout?

Unité 4

1 1 le, 2 les 3 le, 4 l', 5 la, 6 la, 7 le, 8 l', 9 les, 10 le.

2 1 des, 2 un, 3 des, 4 une, 5 un, 6 une, 7 un, 8 un, 9 des, des, 10 un.

3 1 ce sont, 2 c'est, 3 c'est, 4 c'est, 5 ce sont, 6 c'est, 7 ce sont, 8 c'est, 9 ce sont, 10 c'est.

EXTENSION 1 1 f, 2 i, 3 e, 4 h, 5 g, 6 l, 7 d, 8 c, 9 b, 10 a, 11 j, 12 k.

4 1 k, 2 f, 3 i, 4 e, 5 h, 6 d, 7 b, 8 j, 9 c, 10 g, 11 a, 12 l.

5 1 c, 2 b, 3 b.

6 Réceptionniste: 5, 6, 7, 9, 10. Client: 1, 2, 3, 4, 8.

7 7, 4, 6, 1, 9, 2, 5, 8, 10, 3.

8 1 f, 2 d, 3 b, 4 h, 5 a.

9 1 nom, 2 comment, 3 clé, 4 chambre, 5 étage, 6 ascenseur, 7 droite, 8 panne.

10 1 un sac, 2 un livre, 3 une table, 4 un téléviseur, 5 une fenêtre, 6 un lit, 7 un (téléphone) portable, 8 un ordinateur portable, 9 une télécommande, 10 des lunettes, 11 une lampe, 12 une douche.

11 valise, 2 chargeur de téléphone, 3 fauteuil, 4 escalier, 5 imprimante, 6 balcon, 7 lunettes, 8 porte, 9 chaise, 10 armoire.

EXTENSION 2 1 sac, 2 fauteuil, 3 douche, 4 stylo, 5 porte, 6 ascenseur, 7 balcon, 8 valise, 9 armoire, 10 portable.

12 1 (le) Calvados, (l') Eure, (la) Manche, (l') Orne, (la) Seine-Maritime.
2 (les) Côtes d'Armor, (le) Finistère, (l') Ille et Vilaine, (le) Morbihan.
3 (la) Loire Atlantique, (le) Maine et Loire, (la) Mayenne, (la) Sarthe, (la) Vendée.
4 Paris, (la) Seine-et-Marne, (les) Yvelines, (l') Essone et (le) Val d'Oise.
5 (les) Alpes de Haute-Provence, (les) Hautes-Alpes, (les) Alpes-Maritimes, (les) Bouches-du-Rhône, (le) Var, (le) Vaucluse.

FAQ 1 laptop, 2 en panne, 3 Je suis désolé(e)/Je regrette, 4 salle de bains, 5 church, 6 pour ce soir, 7 department store, 8 ça s'écrit comment? 9 (la) Savoie, 10 (le) Cantal, 11 Non, c'est au nord/près de Paris, 12 dans le nord de la France, 13 dans le sud-est de la France, 14 (la) Normandie, (la) Bretagne, (les) Pays de la Loire, (la) Nouvelle Aquitaine, 15 EN Nouvelle Aquitaine, 16 C'est une île.

Unité 5

1 1 du saucisson sec, 2 des crudités, 3 de la charcuterie, 4 de l'huile d'olive, 5 de la soupe à l'oignon, 6 des légumes, 7 de la viande, 10 du poisson, 9 du riz, 10 du poulet, 11 des frites, 12 de l'ail.

2 1 Je voudrais **a** du lait, **b** des croissants, **c** du vin, **d** de l'eau (minérale) et **e** des saucisses. 2 Je voudrais **a** de l'huile, **b** des bonbons, **c** de la confiture, **d** du fromage/camembert et **e** du poisson. 3 Je voudrais **a** de la crème (fraîche), **b** de la viande, **c** du pain, **d** du café, et **e** des légumes.

3 Tray 1: *(In any order)* du café/du chocolat, du pain, des croissants, de l'eau (minérale), du lait, de la confiture, du thé. Tray 2: *(In any order)* du poisson, de l'huile, de la crème (fraîche), des fraises, du fromage/ camembert, des champignons, du vin, des gâteaux.

4 1 Il y a du bifteck, mais il n'y a pas de poulet.
2 Il y a de la soupe aux champignons, mais il n'y a pas de soupe au céleri.
3 Il y a du saucisson sec, mais il n 'y a pas de saucisson à l'ail.
4 Il y a de la charcuterie, mais il n'y a pas de crudités.
5 Il y a du saumon fumé mais il n'y a pas de caviar.
6 Il y a des yaourts aux fruits mais il n'y a pas de yaourts nature.
7 Il y a de l'omelette au jambon mais il n'y a pas d'omelette espagnole.
8 Il y a du jus d'orange mais il n'y a pas d'eau minérale.

5 1 du pain, 2 des glaces, 3 du vin, 4 des légumes, 5 du poisson, 6 de la viande, 7 des fruits, 8 de l'eau.

6 1, 4, 6, 10: Désolé(e), il n'y en a plus. 2 Désolé(e), il n'y a plus de pain. 3 Désolé(e), il n'y a plus de jus de fruits. Désolé(e), il n'y a plus de légumes.

7 Désolé(e), il n'y a plus de poisson 8 Désolé(e), il n'y a plus de viande. 9 Désolé(e), il n'y a plus de glaces.

7 1 choisi, 2 commencer, 3 désolé, 4 soupe, 5 charcuterie, 6 saucisson, 7 prendrai, 8 ensuite, 9 poulet, 10 frites, 11 plus, 12 riz, 13 avez, 14 sûr.

8 1 f, 2 c, 3 a, 4 b, 5 d, 6 e.

9 thé au citron, pamplemousse, pain grillé, croissants, miel, beurre, sucre, céréales, saucisses, œuf au plat, confiture, café au lait.

EXTENSION 1 1 aux, 2 à la, 3 au, 4 aux, 5 à l', 6 au, 7 au, 8 au, 9 à la, 10 à l', 11 aux, 12 aux.

10 1 déjeuner, 2 française, 3 fruit, 4 pamplemousse, 5 thé, 6 bouteille, 7 eau, 8 grillé, 9 beurre, 10 confiture, 11 croissants, 12 petit, 13 anglaise, 14 café, 15 céréales, 16 saucisses, 17 plat, 18 huit.

EXTENSION 2 1 la datte/date, 2 le cantal, 3 le kiwi, 4 la pêche, 5 le calvados, 6 un éclair, 7 un citron pressé, 8 le bar (*sea bass*), 9 le champagne, 10 un flageolet (*type of bean*).

FAQ (*Suggested answers*) 1 Oui. Je prendrai le menu à dix-huit euros, s'il vous plaît. 2 La terrine de surimi. 3 Comme plat principal, je prendrai la sole meunière. 4 Alors, la côte de porc sauce poivrade. 5 Seulement une carafe d'eau. 6 Je ne sais pas. Voyons. . . Non, je prendrai du fromage. 7 Oui. Et l'addition, s'il vous plaît. 8 Qu'est-ce que vous avez comme glaces? 9 Qu'est-ce que vous prendrez/Et comme dessert? 10 Vous avez/Il y a du poisson? 11 Vous avez choisi? 12 Qu'est-ce que vous prendrez pour commencer? 13 Vous prendrez/désirez un café? 14 Qu'est-ce que vous avez comme fromages? 15 C'est tout?

Unité 6

1 1 ont, 2 a, 3 a, 4 as, 5 ai, 6 ont, 7 ont, 8 avez, 9 avons, 10 a.

2 1e il, 2d il, 3a ils, 4c elle, 5f il, 6b il.

3 1 J'ai froid. 2 J'ai peur. 3 J'ai raison. 4 J'ai chaud/soif. 5 Je n'ai pas de chance. 6 J'ai soif/J'ai chaud. 7 J'ai faim. 8 J'ai sommeil.

4 1–4 Nous avons froid/peur/raison/chaud *or* soif. 5 Nous n'avons pas de chance. 6 Nous avons soif/chaud. 7–8 Nous avons faim/sommeil. 9–12 Elle a froid/peur/raison/chaud *or* soif. 13 Elle n'a pas de chance. 14 Elle a soif/chaud. 15–16 Elle a faim/sommeil.

5 1 un tableau, 2 un parapluie, 3 un plafond, 4 un camion, 5 une raquette, 6 au Maroc, 7 une ville de France, 8 un cuisinier.

6 *You should have drawn*: a wall, two trees in front of it, a hammock between the trees with a woman in it, a bottle/bag under the hammock, a bicycle against

the tree on the left and a dog behind the tree on the right, a cat on the wall and three birds in the sky.

7 (*Suggested answers*) 1 Il y a une carte de France au mur. 2 L'ordinateur portable est sur la chaise. 3 Les lunettes sont entre le téléphone mobile et la lampe. 4 Le sac est sous la table. 5 Le téléviseur et la télécommande sont sur la commode. 6 Le chien est entre la chaise et la commode. 7 Qu'est-ce qu'il y a dans le tiroir?

8 1 Il y a une photo des enfants sur la commode. 2 Il n'y a pas de voiture devant la maison. 3 Le ballon de foot est sous le lit. 4 (*Suggested answer*) Le café est entre la station de métro et la pharmacie. 5 Je ne sais pas où j'ai perdu mon portable.

EXTENSION 1 1 dans, 2 sur, 3 au, 4 entre, 5 sur, 6 dans/dans.

9 1 de, 2 de, 3 du, 4 du/de la, 5 du, 6 de, 7 des, 8 de l', 9 du, 10 de la, 11 des, 12 de l'.

EXTENSION 2 1 de l', 2 des, 3 de la, 4 des, 5 de la, 6 des, 7 du, 8 de.

10 1 Il y a la fenêtre 2 Non, elle est sur le fauteuil. 3 Il y a des journaux, des magazines, des crayons et des stylos. 4 Ils sont par terre. 5 Non, il n'y a pas de lampe sur la commode/il y en a une sur la table de nuit. 6 Il y a une lampe, des photos, du shampooing, des bouteilles de coca et du chocolat. 7 Elles sont dans les tiroirs de la commode. 8 Le tennis et le foot. 9 Parce que Claudine l'a perdu.

11 1 votre, 2 vos, 3 votre, votre, 4 votre, 5 vos, votre, 6 votre.

12 1 ton, 2 tes, 3 ta, ton, 4 ta, 5 tes, ton, 6 ton.

FAQ 8 Avez-vous/Vous avez/Est-ce que vous avez faim? 9 Vos enfants ont quel âge/Quel âge ont vos enfants? 10 Avez-vous/Vous avez/Est-ce que vous avez soif? 11 Où sont les clés? 12 J'ai chaud. 13 Vous avez raison. 14 Le journal de Paul. 15 Le dictionnaire des enfants.

Unité 7

1 *Pharmacie*: l'aspirine, le shampooing, les pillules, le dentifrice. *Épicerie*: le thé, l'huile, la moutarde, le café. *Librairie*: les journaux, les cartes postales, les magazines, les stylos, les livres. *La poste*: les timbres. *Boulangerie-pâtisserie*: les tartes, les croissants, le pain, les gâteaux.

2 1 pharmacie, avons. 2 ont, boulangerie. 3 avons, poste. 4 ai, marché. 5 a, supermarché. 6 avez, café/bar.

3 1 une banque, 2 le Star Hôtel, 3 de l'eau, 4 le commissariat, 5 l'Office de Tourisme, 6 une librairie, 7 un restaurant, 8 à la patinoire.

4 (*Suggested answers*) 1 J'ai besoin d'un dictionnaire. 2 Elle a besoin d'un verre d'eau. 3 J'ai besoin de dentifrice. 4 Il a besoin d'un journal. 5 J'ai besoin d'un dentiste. 6 J'ai besoin d'un timbre. 7 J'ai besoin d'un chat. 8 J'ai besoin de shampooing. 9 Il a besoin d'un coiffeur. 10 Ils ont besoin d'un professeur.

5 1 la bibliothèque, 2 le centre commercial, 3 le château, 4 l'église, 5 la mairie/l'hôtel de ville, 6 la station-service, 7 la patinoire, 8 la piscine, 9 l'Office de Tourisme/le Syndicat d'Initiative 10 la poste, 11 le stade, 12 la gare.

6

au	à la	à l'	aux
camping	banque	auberge de jeunesse	grands magasins
centre commercial	bibliothèque	école	toilettes
château	gare	église	
commissariat	mairie	hôpital	
palais	patinoire	office de tourisme	
musée	piscine		
parking	poste		
supermarché	station-service		

7 1 Traversez la rue, 2 Prenez la première rue à gauche. 3 Continuez tout droit. 4 Prenez la troisième rue à gauche. 5 Descendez la rue jusqu'aux feux. 6 Au rond-point tournez à droite.

8 1 allez/continuez, prenez, entre, 2 Continuez/allez, traversez, êtes, 3 troisième, jusqu'à, tournez, 4 croisement, droite, en face de.

9 1 d, 2 a, 3 e, 4 b, 5 c.

10 1 C'est à trente kilomètres. 2 C'est à cinq minutes à pied. 3 C'est à vingt-cinq kilomètres. 4 C'est à cent mètres. 5 C'est à quinze minutes en voiture. 6 C'est à cinq kilomètres. 7 C'est à dix minutes à pied. 8 C'est à deux cent mètres. 9 C'est à cent cinquante mètres. 10 C'est à vingt minutes en voiture.

11 1

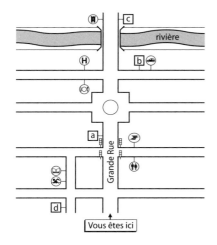

11 2 **a** la poste, **b** la piscine, **c** l'hôtel, **d** les toilettes.

11 3 **a** Continuez tout droit jusqu'à la rivière. Traversez le pont. Le château est tout de suite à gauche.

b Descendez la Grande Rue jusqu'à la place. Traversez-la et prenez la première rue à gauche. Il est sur votre gauche, en face de l'hôtel.
c Allez tout droit. Traversez la place et prenez la première rue à droite. Le parking est sur votre gauche, à côté du supermarché.
d Prenez la première à gauche puis la première à droite. C'est sur votre gauche, à côté de la piscine.

12

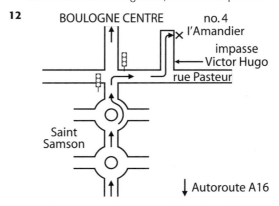

13 1 de la, 2 de l', 3 du, 4 des, 5 du, 6 du, 7 des, 8 de l', 9 de la, 10 du.

14 1, 9, 6, 7, 4, 2, 8, 5, 3, 10.

EXTENSION 1 There are more and more cycle paths in England. 2 I'd like to have a tennis court in my garden. 3 There are now lots of beauty parlours for men. 4 There is a war memorial in every town and village in France. 5 In Paris there are lots of statues in the parks and gardens.

FAQ 8 (Est-ce qu') Il y a un hôtel par ici?, 9 Pour aller à la bibliothèque?, 10 Où sont les toilettes?, 11 Où est l'Office de Tourisme? 12 la Place Rouge, 13 la cathédrale St Paul, 14 l'obélisque de Louqsor, 15 Casablanca.

Unité 8

1 1 T. 2 T. 3 L. 4 T. 5 L. 6 L.7 T. 8 L. 9 T. 10 L.

2 1 habitent, 2 habites, 3 habite, 4 habitez, 5 habitons, 6 habitent, 7 habite, 8 habite, 9 habitons, 10 habitent.

3 Non. . . 1 Je n'habite pas . . . 2 Je ne suis pas . . . 3 Je ne parle pas . . . 4 Je n'étudie pas . . . 5 Je ne travaille pas . . . 6 Je n'écoute pas . . .

4 Non . . . 1 nous n'aimons pas . . . 2 nous ne mangeons pas de viande. 3 nous ne sommes pas . . . 4 nous ne jouons pas . . . 5 nous ne regardons pas . . . 6 nous n'achetons pas . . .

5 (*Suggested answers*) 1 Je n'aime pas la bière. 2 J'adore le fromage. 3 Je déteste les saucisses. 4 J'aime la moutarde. 5 J'adore le vin. 6 J'adore les croissants. 7 Je n'aime pas le poisson. 8 Je déteste les champignons. 9 J'aime la confiture. 10 J'adore les légumes.

EXTENSION 1 (*Suggested answers*) J'aime la géographie parce que c'est intéressant. Je n'aime pas les maths parce que c'est difficile. J'adore l'histoire parce que c'est fascinant. Je n'aime pas le droit parce que c'est ennuyeux. Je déteste le sport parce que c'est fatigant. J'aime la musique parce que c'est cool.

6 1 joue, 2 adore/aime, 3 habite, 4 écoutons, 5 regardons, 6 aiment, 7 détestent, 8 préfèrent/ aiment, 9 écoute, 10 regarde, 11 bavarde, 12 étudions, 13 mange, 14 adore, 15 travaille, 16 a.

7 1 e, 2 d, 3 h, 4 c, 5 g, 6 b, 7 a, 8 f.

8 1 Il est né en France. 2 Il est médecin depuis 2007. 3 Ils sont mariés depuis 2006. 4 Oui, il a un fils et une fille/des jumeaux. 5 Ils habitent au Québec/au Canada. 6 Depuis 2016.
(*Suggested answer*) Philippe Dubois est français. Il est né à Lille en 1986. Il est médecin depuis l'an 2007. Il est marié depuis 2006. Il a deux enfants et il habite au Canada depuis 2010.

9 (*Suggested answers*) 1 J'habite dans mon appartement depuis 2004. 2 J'étudie le français depuis 3 mois. 3 Il ne joue pas au tennis depuis longtemps. 4 Je joue du piano depuis 2 ans. 5 J'ai faim depuis midi. 6 Ils ont un chien depuis 6 ans. 7 Je regarde la télé depuis 10 minutes. 8 Elle travaille comme journaliste depuis jeudi.

10 1 Elle achète des vêtements dans un grand magasin. 2 Les enfants n'écoutent pas le professeur. 3 Tu préfères la viande ou les légumes? 4 Nous travaillons à Paris depuis six mois. 5 Vous étudiez le russe depuis longtemps? 6 Est-ce que tu aimes la musique classique? 7 Je joue de la guitare électrique depuis 2018. 8 Nous mangeons au restaurant le jeudi soir.

11 1 combien, 2 quelle, 3 comment, 4 pourquoi, 5 qu', 6 quel, 7 combien, 8 comment, 9 où, 10 qui, 11 qu', 12 pourquoi.

EXTENSION 2 1 F, 2 ?, 3 ?, 4 V, 5 F, 6 V, 7 F, 8 V, 9 ?, 10 V, 11 V, 12 ?

12 1 Mériem est mariée depuis 18 ans. 2 Elle habite à Nantes. 3 On regarde une carte de France. 4 Jean est le fils de Mériem. 5 Elles ont 15 et 11 ans. 6 Non, elle étudie l'anglais depuis seulement six mois. 7 Elle préfère le rap/C'est le rap. 8 Elle pratique le badminton et la natation. 9 Oui, elle mange du poulet mais elle déteste/ne mange pas de viande rouge. 10 Elle est née en Algérie/Afrique du Nord.

FAQ 11 Vous parlez combien de langues? 12 Vous jouez du violon depuis longtemps/quand/ combien de temps? 13 Aimez-vous votre travail? 14 Au Palais de l'Elysée à Paris, 15 Du violon, 16 Trois langues.

Unité 9

1 1 faites, bavardons, 2 faites, jouons, 3 fais, fais, 4 faites, faisons, 5 fais, fais, 6 font, fait, jouent.

2 Je n'aime pas faire de l'aérobic, j'aime jouer au tennis, j'adore faire du yoga, je n'aime pas faire de la natation, je déteste faire du jogging, j'aime jouer au golf, j'aime faire du vélo, je n'aime pas jouer au football, je n'aime pas faire du ski, j'adore faire de la planche à voile.

3 Nous aimons jouer au tennis, nous aimons faire du vélo, nous adorons faire de la planche à voile, nous n'aimons pas faire de l'aérobic, nous n'aimons pas jouer au foot.

4 1 La grand-mère ne tricote pas. 2 Jules et Jim font les devoirs. 3 Les filles n'envoient pas de SMS. 4 Annette fait une omelette. 5 Les enfants ne font pas de bruit. 6 Élisabeth et Catherine jouent au tennis. 7 Alain ne regarde pas la télévision. 8 Maryse fait du vélo l'été. 9 Il n'écoute pas une chanson de Taylor Swift. 10 Elles ne font pas de ski.

5 1 grand-mère, 2 nièce, 3 oncle, 4 sœur, 5 frère, 6 père, 7 mère, 8 belle-mère, 9 beau-frère, 10 tante.

6 1 trois, 2 cinq, 3 deux, 4 une, 5 trois, 6 Roberte, 7 Bernard, 8 Antoine et Jeanine.

7 1 divorcés, 2 mère, 3 remariée, 4 beau-père, 5 strict, 6 mariage, 7 demi-sœur, 8 demi-frère.

8 1 Elle fait du vélo. 2 Elle fait du ski. 3 Ils jouent au tennis. 4 Il joue de la trompette. 5 Elles bavardent. 6 Ils font la cuisine. 7 Elle téléphone/parle à une amie. 8 Il fait le ménage. 9 Ils font du camping. 10 Il fait de la natation/Il nage.

9

Chambre | Chambre | WC
Couloir
Salle de séjour
Bureau | Salle de bains | Cuisine
↑ Porte d'entrée | 12ième étage

Chambre d'amis | Douche | Chambre 1 | Cuisine | Salle à manger
Couloir
Salon
Salle de bains | WC | Chambre 2 | Bureau
↑ Porte d'entrée | 2ième étage

10 (*Suggested answer*) J'ai un grand appartement au neuvième étage d'un immeuble moderne. La salle de séjour est tout de suite à droite en entrant. La cuisine est à côté. Les WC sont au fond du couloir en face de la porte d'entrée. La grande chambre avec salle de bains (attenante) est en face du séjour. La deuxième salle de bains est à gauche au fond du couloir. Les deux autres chambres sont de l'autre côté du couloir. Il y a un petit bureau à côté des toilettes. J'aime bien mon appartement et j'adore habiter en ville.

EXTENSION **a** 1 une souris, 2 chambre, 3 amie, 4 un pull-over, 5 du chocolat/des bonbons, 6 la télé, 7 l'aspirateur, 8 poires/pommes de terre, 9 crêpes, 10 sœur, 11 la radio/les infos, 12 vin/cidre, 13 poules/canards, 14 tracteur.
b 1 château, 2 ferme, 3 serre, 4 cave, 5 chambre, 6 cuisine, 7 appartement, 8 église, 9 basse-cour, 10 grenier.

11 1 Je voudrais réserver des chambres, s'il vous plaît. 2 Du 1er au 5 octobre. 3 Quatre. Mon partenaire et moi, mon fils et ma mère. 4 Oui, c'est ça. 5 Elles ont une salle de bains? 6 Très bien, je prends les trois. 7 Monsieur/Madame. . . 8 Vous faites/Faites-vous/Est-ce que vous faites les repas du soir? 9 J'aimerais manger le premier soir. 10 C'est mon numéro de portable parce que je voyage beaucoup.

12

Clarisse (68) = Roger (71)

Diane (39) = Brice (45)   Marius (45) = Irène (45)

Gilbert (15)   Estelle (11)   Léa (18)

13 1 Ils voyagent souvent/Ils font souvent des voyages. 2 Le golf. 3 Parce qu'elle est interprète. 4 Estelle, la sœur de Gilbert. 5 Ils font de la voile parce qu'ils ont un bateau. 6 Parce qu'il a perdu son travail (en 2005). 7 Le père de Gilbert. 8 Parce qu'il fait très bien la cuisine/est très bon cuisinier. 9 Parce qu'ils ont une grande maison avec beaucoup de chambres et que la région est magnifique. 10 Oui, il pense/trouve que c'est une excellente idée.

14 1 les, 2 le, 3 l', 4 les, 5 le, 6 la.

FAQ 11 Vous avez combien de chambres? 12 Vous avez une salle à manger et un salon? 13 Où est la salle de bains? 14 Le bureau est à quel étage/Où est le bureau? 15 Vous avez un grand jardin?

Unité 10

1 1 f, 2 d, 3 b, 4 i, 5 g, 6 e, 7 c, 8 j, 9 h, 10 a.

2 1 g, 2 f, 3 e, 4 h, 5 d, 6 a, 7 b, 8 c.

EXTENSION 1 (*Suggested answers*) 1 The recent floods in Australia claimed a lot of victims. 2 I am scared of storms. Thunder, lightning . . . how dreadful! 3 The cold spell has lasted for a month. 4 Drought is a calamity for many African countries. 5 There are lots of showers in spring. In France they are called March showers. 6 Hail has been predicted in Burgundy. In August it's bad for the grapes! 7 Warning! Risk of black ice on the roads in the north-east of the country. 8 Heatwaves are particularly dangerous for old people and young children.

3 1, 7, 4, 3, 5, 8, 6, 2.

4 1 fais, 2 boit, 3 font, 4 vais, 5 jouons, 6 aimez, 7 va, 8 écoutes, 9 fumez, 10 aime, mange, 11 fait, 12 faisons.

5 1 fait, 2 joue, 3 lit, 4 envoie, 5 regarde, 6 fait, 7 aime/adore/préfère/déteste, 8 écoute, 9 lit, 10 fait.

6 1 i, 2 e, 3 f, 4 h, 5 g, 6 j, 7 b, 8 d, 9 a, 10 c.

7 1 Il va au ciné une fois par mois. Il mange régulièrement au restaurant. Il regarde quelquefois la télé. Il envoie souvent des SMS. Il utilise l'ordinateur tous les jours. Il ne va jamais à la messe.
2 Ils jouent rarement au tennis. Ils boivent l'apéritif de temps en temps. Ils ne font jamais de jardinage. Ils font de la natation une fois par semaine. Ils restent souvent à la maison. Ils ne fument jamais.
3 On fait une promenade tous les dimanches. On fait du yoga deux fois par semaine, on écoute la radio tous les matins, on joue aux cartes de temps en temps, on ne va pas souvent au café. On ne mange jamais de viande.

8 1 aller, 2 regarder, 3 faire, 4 voyager/aller, 5 essayer/goûter/manger, 6 visiter, 7 jouer, 8 travailler, 9 envoyer, 10 boire, 11 lire, 12 écouter.

9 1 F, 2 G, 3 E, 4 C, 5 B.

10 1 faux, depuis qu'elle a cinq ans, 2 vrai, 3 vrai, 4 vrai, 5 elle aime les grands serpents, 6 faux, ils habitent dans/occupent la chambre d'amis, 7 vrai, 8 vrai, 9 vrai, 10 vrai, 11 faux, elle aime toucher les serpents parce qu'ils sont doux, 12 vrai.

EXTENSION 2 1 Fanfan, 2 Marie, 3 Chachou, 4 Sylvie, 5 Jim, 6 Sonia, 7 Lulu, 8 Kris, 9 Jojo, 10 Jamal, 11 Max, 12 Dan.

FAQ 12 Vous êtes à la retraite depuis quand/longtemps? 13 Quand jouez-vous au bridge?/Vous jouez/Jouez-vous/Est-ce que vous jouez souvent au bridge? 14 Quels sont vos passe-temps favoris/préférés? 15 Que faites-vous/Qu'est-ce que vous faites le week-end?

Unité 11

1 9, 7, 3, 5, 1, 4, 10, 8, 2, 6.

2 1 il est minuit, 2 il est deux heures vingt, 3 il est six heures et quart, 4 il est sept heures moins dix, 5 il est dix heures cinq, 6 il est neuf heures vingt-cinq, 7 il est trois heures dix, 8 il est onze heures moins le quart, 9 il est midi moins cinq, 10 il est huit heures et demie.

3 1 h, 2 c, 3 j, 4 g, 5 b, 6 i, 7 d, 8 f, 9 a, 10 e.

4 1 jardinage, 2 rangent, 3 courses, 4 lessive, 5 vaisselle, 6 cuisine, 7 aspirateur, 8 repasser.

5 1 Je fais la lessive une fois par semaine. 2 Mes enfants n'aiment pas faire la vaisselle. 3 Elle ne range jamais la maison. 4 Moi je déteste repasser. 5 Je ne passe pas l'aspirateur tous les jours. 6 Ma fille ne fait jamais son lit. 7 Je bavarde avec des amies.

6 1, 4, 8, 7, 5, 3, 2, 6.

7 *Boulangerie*: un éclair au chocolat, une tarte aux fraises, un mille-feuilles, une baguette. *Crémerie*: du gruyère, un camembert, des yaourts, du beurre, un fromage de chèvre, des œufs, du lait, de la crème fraîche. *Boucherie*: des rillettes, des côtelettes d'agneau, un rôti de bœuf, un saucisson sec. *Marchand de primeurs*: des champignons, un chou-fleur, des carottes, des pommes, du raisin, un pamplemousse, des pommes de terre, des bananes.

8 FRAMBOISE.

9 1 Vous désirez, 2 Et avec ça? 3 Voilà, ça sera tout, 4 Soixante-quatre euros cinquante, 5 Merci, 6 Bonne journée.

10 1 un kilo de pommes, 2 deux kilos de pommes de terre, 3 une livre/cinq cent grammes de carottes, 4 trois pamplemousses, 5 un chou-fleur, 6 une livre/cinq cent grammes de raisin, 7 deux cent cinquante grammes de champignons.

11 une tarte aux fraises, une douzaine d'œufs, un fromage de chèvre, un kilo de pommes, un rôti de bœuf, un éclair au chocolat, des yaourts aux fruits, une tranche de roquefort, du beurre des Charentes, un pot de rillettes, une côtelette d'agneau, 150 grammes de champignons.

EXTENSION 1 un abricot, 2 un ananas, 3 une cerise, 4 une fraise, 5 une orange, 6 une banane, 7 un kiwi, 8 une pomme.

12 1 lui, 2 leur, lui, 3 leur, 4 lui, 5 leur.

13 1 de, There's a lot of wine, 2 de, There's enough food, 3 d', There's too much oil, 4 d', I haven't got enough money, 5 d', They've got a lot of children, 6 de, I've got too much work, 7 de, There's a lot of washing up, 8 de, There aren't enough beds, 9 de, There's too much bread, 10 d', They haven't got much money.

14 Mercredi.

15 1 le vingt-neuf février, 2 le dix-huit juin, 3 le premier avril, 4 le quinze août, 5 le premier mai, 6 le dix-sept octobre, 7 le quatre septembre, 8 le vingt-deux mars.

16 1, 9, 7, 3. 6, 5, 2, 8, 4.

17 1 le quatorze février, 2 trois fois par an, 3 quinze jours, 4 au mois d'août, 5 à Pâques, 6 depuis 1985/qu'il a sept ans, 7 le seize juin, 8 début août, 9 la natation et le golf, 10 Heureux anniversaire.

18 1 g, 2 f, 3 e, 4 d, 5 a, 6 h, 7 c, 8 b.

FAQ 11 Combien de temps avez-vous pour déjeuner? 12 Que faites-vous pendant votre heure de déjeuner? 13 Quand faites-vous les courses? 14 À quelle heure quittez-vous le bureau le soir? 15 Vous rentrez à la maison à quelle heure?

Unité 12

1 *You should have ticked:* 1 je prends/j'attends/entends, 2 nous prenons/descendons, 3 elles comprennent/apprennent, 4 il ne comprend pas/il entend/attend.

2 1 prenez, 2 prends, 3 prenons, 4 prends, 5 prend, 6 prennent, 7 prenez, 8 prend.

3 1 attends, 2 attends, 3 attendez, 4 attendons, 5 attend, 6 attendent.

5 1 Tu vends du pain? 2 Il ne perd pas de temps. 3 Je prends le métro. 4 Tu descends à Pasteur ou à

Montparnasse? 5 Il n'entend pas. 6 Ne réponds pas! 7 J'attends le bus. 8 Qu'est-ce qu'elle vend? 9 Tu apprends le russe? 10 Le chien de Loïc ne mord pas.

7 1 d, 2 h, 3 b, 4 c, 5 g, 6 a, 7 e, 8 f.

8 1 comprends, 2 attend, 3 comprenez, 4 comprends, 5 apprenez, 6 apprends, 7 entends, 8 entend.

EXTENSION

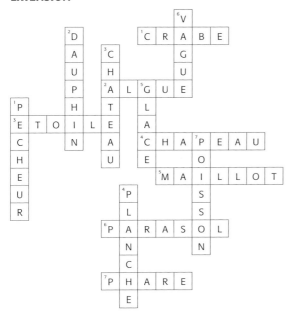

9 *Fontevraud Abbey:* Accès partiel et gratuit = Free and partial access, Out of season: 9.30 am to 6 pm, sur rendez-vous = by appointment, obligatoire = compulsory/required.
Brézé: 10 am to 6 pm continuously in Febrary, March, October, November, December, 10 am to 6.30 pm April, May, June and September. Car park closes 30 minutes after.
Saumur: from the castle; Monday, Wednesday, Friday, Saturday with reservation; carriage capacity: 12 places/seats; picnic possible to order; animals not allowed.

10 1 ouvert, 2 sauf, 3 fermeture, 4 interruption, 5 inclus, 6 rendez-vous, 7 du, 8 au, 9 jours, 10 fériés, 11 fermé, 12 obligatoire.

11 6, 7, 1, 5, 3, 4, 8, 2.

12 1, 11, 10, 4, 5, 8. 9, 2, 7, 12, 3, 6.

FAQ 11 Où est l'office de tourisme/le syndicat d'initiative? 12 La poste ferme à quelle heure? 13 Le château/Est-ce que le château est ouvert (aujourd'hui)? 14 Le car part à quelle heure? 15 Le voyage/trajet dure combien de temps?

Unité 13

1 *Vêtements:* un pantalon, un manteau, une robe, un débardeur, une veste, un tee-shirt, un jean, une parka, une chemise, un tailleur.
Accessoires: un chapeau, un sac, des bottes, une ceinture, un foulard, des chaussures, des gants, une casquette, une cravate.

2 un tailleur, un costume, une chemise, un pantacourt, un chapeau, une chaussure, un blouson, un manteau, un chemisier.

3 1 rose, 2 vert, 3 orange, 4 gris, 5 violet.

4 1 Allemagne, 2 France, 3 Belgique, 4 Irlande, 5 République Tchèque, 6 Italie.

5 1 blanche, 2 noires, 3 courte, 4 rouge, 5 longue, 6 confortables, 7 vert clair, 8 marron, 9 rose, 10 verte, 11 bleu marine, 12 jaunes.

6 1 à fleurs, 2 à rayures/rayé, 3 de/en cuir, 4 à carreaux, 5 unie, 6 de/en laine.

7 1 Ma fille n'aime pas la robe du soir en soie rose avec de la dentelle.
2 Pour travailler au bureau ils préfèrent porter un costume foncé.
3 Mon neveu aime porter un jean, un sweat à capuche et des tennis.
4 L'été j'aime porter un pantacourt et un débardeur pour aller au restaurant.
5 Je préfère les bottes en cuir noir parce qu'elles sont plus élégantes.
6 Je cherche un pull en angora à manches courtes.

8 1 droite, 2 calme, 3 riche, 4 fermée, 5 courtes, 6 ouvert, 7 sportives/chères, 8 vieille, 9 pleine, 10 sales.

9 1 ce, plus, 2 ces, moins, 3 ces, plus, moins, 4 cette, plus, 5 ces, moins, moins.

10 1 vêtements, 2 veste, 3 coton, 4 sport, 5 sac, 6 cuir, 7 bottes, 8, soie, 9 tendres, 10 trente, 11 chapeaux, 12 fourrure.

11 1 e, 2 f, 3 h, 4 g, 5 d, 6 b 7 a, 8 c.

12 7, 3, 9, 2, 8, 4, 1, 5, 6.

13 1 voudrais, 2 ai, 3 sont, 4 essayer, 5 aime

14 1 Gris ou bleu marine. 2 Les cravates multicolores. 3 Un tailleur ou un tailleur-pantalon. 4 Un débardeur et un short. 5 Non, elle n'aime pas les robes. 6 Quand il fait froid pour promener le chien. 7 Un jean, un T-shirt et des tongs. 8 Un pantacourt avec un joli pull, ou une jupe longue avec un débardeur. 9 En soie, assorties aux pantalons. 10 Des chemises rayées ou à carreaux à manches longues. 11 Élégants et bien repassés. 12 Jamais.

EXTENSION   a 1 dollar bill, 2 free phone number, 3 extra-terrestrials, 4 slang, 5 gold, 6 undeclared work, 7 sleepless night, 8 knife, 9 hospital doctors, 10 vehicle registration document, 11 pale rosé wine, 12 terrible fright.
b 1 e, 2 i, 3 c, 4 g, 5 a, 6 f, 7 b, 8 d, 9 j, 10 h.

FAQ   11 Qu'est-ce que vous portez/Que portez-vous en vacances? 12 Combien coûte/fait la veste écossaise? 13 Je peux/Est-ce que je peux essayer les chaussures à 160 euros? 14 rouge, orange, jaune, vert, bleu, indigo, violet, 15 rouge, orange, vert, 16 bruns/marron, 17 jaunes, 18 verts.

Unité 14

1   1 mon, 2 mon, 3 mes, 4 ma, 5 mon, 6 mes, 7 mes, 8 ma, 9 mes, 10 mes, 11 mon, 12 mes.

2   1 ta, 2 ton, 3 tes, 4 ta, 5 tes, 6 ton, 7 tes, 8 ton, 9 tes, 10 ton, 11 tes, 12 ton.

3   1 votre, 2 vos, 3 votre, 4 vos, 5 votre, 6 vos, 7 votre, 8 vos, 9 vos, 10 vos, 11 votre, 12 votre.

4   1 Elle a rendez-vous avec son plus gros client. 2 Il est sept heures du matin. 3 Elle a perdu son sac, ses lunettes et les clés de sa voiture. 4 Elle est en retard. 5 Son sac. 6 Ses clés. 7 Parce que sa fille est à la maison. 8 Elles sont sous ses gants. 9 Dans la cuisine. 10 Retrouver ses autres affaires.

5   1 son, 2 sa, 3 ses, 4 ses, 5 ses, 6 ses, 7 son, 8 son, 9 son, 10 son, 11 son/ses, 12 sa, 13 ses, 14 ses, 15 ses.

6   1 mon, 2 mon, 3 ma, 4 mon, 5 mon, 6 ma, 7 mon, 8 ma, 9 mon, 10 mon.

7   1 mon, 2 mes, 3 mes, 4 mes, 5 mon, 6 ses, 7 ma, 8 ma, 9 ses, 10 mon, 11 ma, 12 mes, 13 ma, 14 mes, 15 mes.

8   Nous habitons . . . . Notre appartement . . . . Nous sommes . . . . Nous profitons bien de notre retraite et nous visitons toutes les régions magnifiques de notre belle France. C'est pourquoi notre voiture est très confortable. . . . notre garagiste dit . . . ! Nous avons un fils. Notre belle-fille est espagnole et nos petits-enfants . . . . Notre rêve . . . . Notre prochain voyage . . .!

9   (*Suggested answers*) 1 Où habitez-vous? 2 Votre appartement est à quel étage? 3 Vous êtes en retraite depuis combien de temps? 4 Pourquoi est-ce que votre voiture est au garage? 5 Comment s'appellent vos petits-enfants? 6 Quel est votre rêve?

10   Elle travaille . . . . Elle aime bien son métier parce qu'elle a beaucoup de contact . . . et en plus elle adore les enfants. Ses propres enfants . . . . Son fils . . . et ses deux filles. Sa fille aînée . . . . Sa

mère habite . . . ses courses . . . les tâches ménagères chez elle . . . . Elle a vraiment de la chance parce que son mari . . . .

11   Ils n'ont pas beaucoup de temps libre . . . parce que leurs heures de travail . . . . Sa partenaire ouvre leur magasin . . . leur magasin est fermé . . . . Ils partent le plus tôt . . . leur caravane . . . . Ils y mettent toutes leurs affaires, leurs vêtements, leur appareil . . . leur ordinateur . . . leurs vélos . . . leurs petites vacances . . . . Ils rentrent tard . . . leur boulot . . . .

12   1 g, 2 i, 3 e, 4 h, 5 d, 6 c, 7 b, 8 j, 9 a, 10 f.

EXTENSION   1 **b** mon, ma, 2 **c** ma, ta, 3 **a** mon, mon, 4 **e** mon, ma, 5 **d** ma, mon.

13   1 un parapluie, 2 un tableau, 3 une ceinture, 4 bleu clair, 5 amoureux, 6 un dauphin.

14   1 Nous avons cherché partout à la maison sans succès.
2 Vous êtes de retour après un petit séjour à la montagne.
3 Elle porte des lunettes pour voir loin.
4 Je vais au marché pour faire mes achats.
5 Les usines Boucher sont ultra-modernes.
6 Le cheval de l'industriel est mort.
7 Il a emprunté mon livre pour faire ses devoirs.
8 Prête-moi ton dictionnaire, j'en ai besoin pour ma traduction.
9 Elle est aux Objets Trouvés parce qu'elle a perdu son parapluie.

15   1 J'ai perdu mon sac de sport. 2 C'est un sac noir avec trois rayures vertes. 3 À la piscine ou dans le bus. 4 Je prends le trente-huit pour aller en ville. 5 Mon maillot de bain, ma serviette et mon shampooing. 6 Mon maillot de bain est bleu et blanc à rayures/rayé bleu et blanc/bleu avec des rayures blanches et ma serviette est rouge.
7 Mercredi dernier. 8 Oui, j'ai cherché partout à la maison, sans succès.

FAQ   11 Est-ce que vous êtes/Vous êtes/Êtes-vous bon/fort en allemand? 12 Comment est votre valise? 13 Est-ce que vos ouvriers/Vos ouvriers sont/Vos ouvriers sont-ils contents? 14 Quel est votre film préféré? 15 Est-ce que vos enfants/Vos enfants sont/Vos enfants sont-ils au collège/lycée?

Unité 15

1   1 à la, 2 à la, 3 à l', 4 aux, 5 au, 6 au, 7 à l', 8 à la, 9 au, 10 aux.

2   1 vont, 2 vont au café, 3 vas, 4 vais au cinéma, 5 va au stade, 6 va, 7 allez à la patinoire, 8 allons à la piscine, 9 vont aux grands magasins/au centre commercial, 10 vont, 11 aller au château, 12 allez.

3   1 Il va au café pour retrouver ses amis.
2 Elles vont aux grands magasins pour acheter leurs vêtements.
3 Nous allons en Italie pour apprendre l'italien.
4 Je vais au travail pour gagner ma vie.
5 Tu vas à l'étranger pour rendre visite à ta tante.
6 Pedro et Carmen vont en Espagne pour voir leur grand-mère.

4   1 Il y va en train, 2 Ils y vont en/à vélo, 3 Ils y vont en bus/en car, 4 Elles y vont en voiture, 5 Elle y va à pied, 6 J'y vais en avion, 7 Nous y allons/On y va en métro, 8 Il y va en bateau.

5   1 c, 2 b, 3 a, 4 c, 5 a, 6 a.

6   (*Suggested answers*) 1 au centre commercial, au supermarché, au marché, 2 au commissariat, au bureau des objets trouvés, 3 à l'école, au collège, 4 au stade, à la piscine, au parc, 5 au cabinet médical, à l'hôpital, 6 à la montagne, dans les Alpes, 7 à la mairie, à l'office de tourisme, 8 à la brasserie, au restaurant, à la sandwicherie, 9 à la bibliothèque, à l'usine, au bureau, 10 au cinéma, au théâtre, au café.

7   1 D'habitude je vais au bureau en train. 2 J'adore faire des randonnées à cheval. 3 Je n'aime pas voyager en bateau parce que j'ai le mal de mer. 4 Je suis au chômage depuis trois semaines. 5 Quel est l'inconvénient des voyages en avion? 6 J'aime voyager en voiture pour admirer la campagne.

8   1 f, 2 a, 3 b, 4 c, 5 d, 6 e.

9   1 Nous allons faire nos devoirs. 2 Les enfants vont manger leurs sandwiches. 3 Vous allez voyager/jouer avec vos parents. 4 Les ouvriers vont faire grève. 5 Je vais téléphoner à ma mère. 6 Le trajet va durer trente minutes. 7 Tu vas jouer/voyager avec tes copains.

10   1 Vendredi, Marie-Hélène va téléphoner à son père. Elle va promener le chien. Elle va aller chez le coiffeur. Elle va commander du vin et de la bière par internet. Elle va regarder le match de foot à la télé, Paris Saint-Germain contre Arsenal.
2 Samedi, Jean-Luc va passer l'aspirateur et laver la voiture. Il va réparer la fenêtre. Il va acheter un cadeau d'anniversaire pour Marie-Hélène. Il va envoyer des emails à Annette, Théo et Alena.
3 Dimanche, Anne-Laure et Jamal vont faire les courses. Ils vont faire le ménage et ranger l'appartement. Ils vont aller chez Dominique. Ils vont rendre visite à la mère de Jamal. Ils vont aller au cinéma.
4 Lundi, nous allons faire le jardinage. Nous allons faire une promenade s'il fait beau. S'il fait mauvais/pleut, nous allons visiter l'expo Brancusi. Nous allons faire nos devoirs. Nous allons aller au cours d'anglais. Nous allons prendre un café avec le/la prof.

11   (*Suggested answers*) Lundi, je vais aller au cinéma. Mardi, je vais acheter une nouvelle veste. Mercredi, je vais manger au restaurant. Jeudi, je vais jouer au tennis. Vendredi, je vais commander une nouvelle voiture. Samedi, je vais inviter des amis. Dimanche, je vais faire une promenade.

12   (*Suggested answers*) 1 Je vais à la librairie. Je vais acheter le journal et des cartes postales. 2 Les enfants vont à la bibliothèque. Ils vont emprunter des livres et des DVD. 3 Nous allons au Sloop/(bar-) restaurant. Nous allons manger/acheter une crêpe/pizza/glace. 4 Elle va à l'aéroport. Elle va attendre des amis/prendre l'avion/aller à l'étranger. 5 Il va à la boulangerie-pâtisserie. Il va acheter du pain et des croissants/gâteaux. 6 Les touristes vont à l'office de tourisme. Ils vont demander des renseignements/un plan de la ville/ la liste des chambres d'hôtes.

13   (*Suggested answer*) Claude et sa famille sont en vacances en France, près de Perpignan. Tout ne va pas bien. Ils ne vont pas à la plage tous les jours parce que c'est trop loin. Ils y vont en voiture et Claude doit garder son portefeuille et son permis de conduire dans son sac de plage. Ils ne vont pas à la piscine au camping parce que l'eau est froide et sale. Ils font des barbecues et ils vont au supermarché régulièrement parce que le petit magasin du camping coûte cher. Le soir ils ne font pas grand-chose mais Danièle va à la discothèque. Leurs voisins font beaucoup de bruit, surtout l'ado qui a une moto et beaucoup de copains. Au week-end ils vont visiter la vieille ville de Perpignan et les châteaux cathares de la région.

14   1 à, 2 aux, au, 3 au, en, 4 en, 5 à, 6 au, en.

FAQ   13 Comment allez-vous/Comment ça va/Ça va? 14 Comment vont les/vos enfants? / Les/Vos enfants vont bien? 15 Et comment va Claude?/ Claude va bien? 16 Comment allez-vous au supermarché?

Unité 16

1   1 f, 2 b, 3 d, 4 e, 5 a, 6 c.

2   1 travaille, 2 magasin, 3 ouvert, 4 journée, 5 matin, 6 finit, 7 fatigant, 8 difficiles, 9 congé, 10 part.

3   1, 4, 5, 8, 7, 10, 9, 2, 3, 6 *or* 1, 4, 7, 10, 9, 2, 3, 6, 5, 8.

4   *You should have ticked*: 1 je sors/ne pars pas/ j'ouvre, 2 elle rougit/souffre, 3 ils se salissent/se nourrissent, 4 vous découvrez/choisissez/ouvrez, 5 nous ralentissons/partons, 6 ne salissez pas/ ouvrez/remplissez/finissez.

5 (*Suggested answers*) une/plusieurs fois par semaine … , ils vont au cinéma … , Paul attend Jeanne … , Ils vont en voiture/à pied … , c'est juste à côté du cinéma. , ils vont toujours manger/dîner … , la cuisine italienne … , avec leur serveur/serveuse, … avant minuit.

6 1 sors, 2 sortons, 3 sortez, 4 choisis, 5 choisissons, 6 choisit, 7 choisit, 8 sortez, 9 choisis.

7 1 Vous dormez jusqu'à midi? 2 Ils mentent à leurs parents. 3 Nous ne sortons pas souvent. 4 Vous remplissez votre sac/vos sacs. 5 Ils ralentissent toujours en ville. 6 Nous servons le(s) petit(s) déjeuner(s). 7 Choisissez le(s) menu(s). 8 Ils salissent leur(s) pull(s). 9 Nous ne maigrissons pas. 10 Elles ne partent pas en vacances. 11 Vous ne venez pas souvent ici. 12 Nous revenons de Calgary. 13 Ils reviennent du supermarché. 14 Vous venez avec moi/nous? 15 Les exercices deviennent difficiles.

9 1 l'eau, 2 le code confidentiel, 3 la caisse, 4 le taux, 5 le cours.

10 *Entretien:* faire le plein, contrôler, remplir, réviser, ne plus être neuf. *Réparation:* un pneu crevé, ne plus fonctionner, casser, tomber en panne, ne pas bien marcher.

11 1 e, 2 d, 3 a, 4 b, 5 c.

12 (*Suggested answers*) 1 des vêtements chauds quand il fait froid. 2 une carte bancaire pour faire des achats en ligne. 3 en vacances de temps en temps. 4 l'huile, l'eau et la pression des pneus. 5 patient quand on apprend une langue étrangère. 6 ses devoirs régulièrement. 7 un bon dictionnaire. 8 conduire sans permis.

EXTENSION **a** 1 heels, 2 injured, 3 trains, 4 pretty, 5 face, 6 spots, 7 warning, 8 clothes, 9 uninhabited, 10 photographer.

FAQ 11 À quelle heure commencez-vous votre travail/à travailler / êtes-vous/arrivez-vous au bureau? 12 Aimez-vous/Vous aimez/Est-ce que vous aimez votre travail? 13 Sortez-vous/Vous sortez/Est-ce que vous sortez souvent? 14 Aimez-vous/Vous aimez/ Est-ce que vous aimez sortir le soir? 15 Comment dit-on 'cave' en anglais? Attention, c'est un faux ami!

Unité 17

1 1 un congélateur, 2 un lave-vaisselle, 3 une armoire, 4 un vaisselier, 5 un canapé, 6 une chaise, 7 un tabouret, 8 un micro-ondes.

2 1 le frigo (in 2), 2 le canapé (in 3), 3 la table de nuit (in 1), 4 l'armoire (in 1), 5 l'imprimante (in 4).

3 (*Suggested answers*) *Salon:* canapé, fauteuils, table basse. *Salle à manger:* table, chaises, buffet. *Chambre:* lit, commode, armoire. *Cuisine:* placards, tabouret, frigo. *Salle de bains:* lavabo, bidet, porte-serviettes. *Garage:* voiture, vélos, étagères, tondeuse, chaises de jardin.

4 1 b, 2 g, 3 f, 4 e, 5 a, 6 h, 7 c, 8 d.

5 1 chance, 2 gagner, 3 vieux, 4 d'acheter, 5 chambre, 6 amie, 7 choisir, 8 faire, 9 magasins, 10 prochain, 11 rentrer, 12 fatigués, 13 trouve, 14 meubles, 15 aime bien.

6 a 2, b 5, c 4, d 1, e 3.

7 1 À dormir. 2 Lire, ranger, choisir et mettre ses vêtements, parler au téléphone, regarder la télé et quelquefois travailler. 3 Un lit, une armoire et une table de chevet. 4 Oui, une commode, un fauteuil, des étagères ou un meuble TV. 5 Comme son univers/monde personnel/privé. 6 (Il faut) laisser l'enfant choisir. 7 Ses goûts, ses intérêts du moment et ses idoles.

8 1 porte, 2 intérieur, 3 saucisson, 4 cuisine, 5 indigo, 6 nappe, 7 Europe: PISCINE.

9 1 l', 2 la, 3 les, 4 le, 5 les, 6 l', 7 l', 8 le/la.

10 1 Mettez-les dans le vaisselier. 2 Mettez-la dans le placard. 3 Posez-le sur la table. 4 Mettez-les dans le lave-vaisselle. 5 Mettez-les dans le tiroir. 6 Laissez-le sur l'étagère. 7 Laissez-les dans le buffet. 8 Laissez-la au/dans le frigo. 9 Mettez-la dans la machine à laver.

11

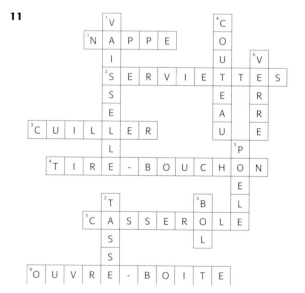

12 (*Suggested answers*) 1 vient d'acheter, 2 vient d'emprunter, 3 viennent d'arriver, 4 vient d'apprendre, 5 viennent de manger/déjeuner/dîner, 6 vient de recevoir, 7 vient d'avoir, 8 vient de quitter/sortir de.

13 1 vient de, va, 2 vient de, vont, 3 viennent d', vont, 4 venez d', allez, 5 vient de, vont, 6 vais, viens de, 7 viens d', va, 8 va, vient de, 9 vient de, va, 10 vont, viennent d'.

FAQ 11 Où est la salle de bains? 12 Vous avez/Est-ce que vous avez/Avez-vous un micro-ondes? 13 Où est-ce que je mets les casseroles? 14 Où sont les bols? 15 Quand allez-vous déménager? Quand est-ce que vous allez déménager? Vous allez déménager quand?

Unité 18

1 1 je me réveille, 2 je me lève, 3 je me brosse les dents, 4 je m'habille, 5 je me maquille, 6 je me lave, 7 je me rase, 8 je me couche.

2 s'habiller, se raser, se brosser (les dents/les cheveux), se maquiller, se reposer, se réveiller, se coiffer, se changer, se disputer.

3 1 se disputent, 2 nous nous endormons, 3 se repose, 4 se change, 5 vous vous habillez, 6 je me couche, 7 tu te laves, 8 nous ne nous disputons.

4 1 vous levez, 2 me lève, 3 nous levons, 4 vous dépêchez, 5 se dépêche, 6 me lève, 7 me dépêche, 8 se dépêche, 9 nous dépêchons, 10 se lèvent.

5 1 Mon mari ne se rase pas tous les jours.
2 Je ne me lève pas tard le dimanche.
3 En général on ne se change pas pour sortir le soir.
4 Les enfants ne se disputent pas souvent.
5 Il ne se débrouille pas bien en anglais.
6 Nous ne nous couchons pas de bonne heure.
7 Elle n'aime pas se maquiller.
8 Ils n'aiment pas se doucher.

6 Martin – poissonnier, Laurence – professeur, Jean-Louis – élève, Xavier et Fabienne – antiquaires, Élodie et Robin – clowns, Anne-Lise et Claude – propriétaires de chambres d'hôtes.

7 1 Anne-Lise. 2 Jean-Louis, Laurence. 3 Xavier, Fabienne. 4 Élodie, Robin. 5 Jean-Louis, Laurence. 6 Xavier, Fabienne. 7 Élodie, Robin. 8 Anne-Lise, Claude. 9 Martin, Xavier, Fabienne. 10 Martin. 11 Anne-Lise, Claude. 12 Élodie, Robin.

8 1 J'y vais en tramway. 2 J'y mange une fois par mois. 3 J'y passe dix minutes. 4 J'y vais tous les samedis. 5 J'y reste une ou deux heures.

9 1 c, 2 e, 3 a, 4 d, 5 f, 6 b.

10 1 y, 2 en, 3 en, 4 y, 5 en, 6 y, 7 en, 8 y, 9 en, 10 y.

11 1 me lève, 2 se réveille, 3 prends, 4 nous promenons, 5 se réveille, 6 commence, 7 sort, 8 va, 9 attrape, 10 s'assied/s'assoit, 11 caresse, 12 me couche, 13 dort, 14 chante, 15 s'endort, 16 couvre, 17 dis, 18 regarde, 19 donne, 20 nettoie.

12 1 la, 2 le, 3 lui, 4 les, 5 leur, 6 lui, 7 leur, 8 leur.

13 1 Elle lui en donne. 2 Vous leur en donnez. 3 Nous les leur montrons. 4 Ils leur en donnent. 5 Elle les y attend. 6 Ils lui en demandent. 7 Il la leur annonce. 8 Il ne lui en parle pas.

14 1 je vous le donne, 2 nous ne vous les prêtons pas, 3 je vous la montre, 4 je te le passe, 5 je les lui sers. 6 je ne la leur donne pas.

15 1 des œufs/une poêle, 2 une clé, 3 un verre, 4 de l'argent/une carte de crédit, 5 un ordinateur, 6 un portable.

16 1 **a** bon(ne), **b** mauvais(e). 2 **a** bon(ne), **b** bon(ne). 3 **a** mauvais(e), **b** bon(ne). 4 **a** mauvais(e), **b** mauvais(e). 5 **a** bon(ne), **b** mauvais(e). 6 **a** mauvais(e), **b** mauvais(e). **c** ?

FAQ 11 Donnez-vous/Est-ce que vous donnez/Vous donnez souvent de l'argent de poche à vos enfants? 12 Qu'est-ce qu'ils en font?/Qu'est-ce qu'ils font de leur argent de poche? 13 Allez-vous/Est-ce que vous allez/Vous allez souvent au cinéma le soir? 14 Qu'est-ce que vous faites/Que faites-vous le soir? 15 Est-ce que vos enfants regardent/Vos enfants regardent-ils (souvent) la télé (avec vous)?

Unité 19

2 Il a joué au squash et au football. Il a fait de la gym et de la musculation. Il a fait de la natation et de la voile.

3 Elle n'a pas fait de yoga. Elle n'a pas fait de musculation. Elle n'a pas joué au football. Elle n'a pas joué au rugby. Elle n'a pas joué au golf. Elle n'a pas joué au tennis. Elle n'a pas fait de vélo.
Elle n'a pas fait de cheval. Elle n'a pas fait de jet-ski. Elle n'a pas fait de planche à voile. Elle n'a pas regardé de matchs à la télé.

4 Ils ont fait de la gym. Ils ont joué au squash. Ils ont fait de la natation et de la voile.

5 1 en Hollande, 2 au Japon, 3 en Australie, 4 à San Francisco, 5 à Paris, 6 à Eurodisney/à Disneyland, 7 à Paris, 8 en Afrique, 8 au Kenya, 9 en Inde, 10 aux États-Unis.

6 1 a, 2 est, 3 a, 4 avez, 5 suis, 6 ont, 7 a, 8 sont, 9 ai, 10 êtes.

7 1 Il n'a pas pris, 2 Mériem n'est pas allée, 3 On n'a pas répondu, 4 Vous n'avez pas lu, 5 je ne suis pas allé, 6 Les enfants n'ont pas bu, 7 Elle n'a pas vu, 8 Ils n'ont pas fini, 9 Je n'ai pas écrit, 10 Vous n'êtes pas allés.

8 1 Il a lu le journal. 2 J'ai pris le métro. 3 Elles sont allées à la piscine. 4 Elle a choisi un sac. 5 Nous avons mis nos gants. 6 Tu as fait du ski nautique? 7 On a promené le chien. 8 J'ai écrit des cartes postales. 9 Il est allé à la poste. 10 Vous avez vendu votre maison?

9 1 Je suis allé chez le marchand de primeurs/de fruits et légumes. 2 Elle est allée à la pharmacie/chez le pharmacien. 3 Ils sont allés au café. 4 Je suis allée à la station-service. 5 Nous sommes allés au bord de la mer/au port. 6 Est-ce que tu es allé chez le boucher/à la boucherie?

10 (*Suggested answers*) 1 J'ai acheté des fraises. 2 Elle a acheté de l'aspirine. 3 Ils ont bu une bière. 4 J'ai fait le plein et j'ai vérifié la pression des pneus. 5 Nous avons fait de la voile/du bateau. 6 Est-ce que tu as acheté un poulet ou un rôti de porc?

11 – Marie-Hélène n'a pas repassé/fait le repassage, elle est allée à la banque, elle n'a pas réparé la machine à laver, elle a réservé une chambre d'hôtes, elle n'a pas envoyé d'e-mails à Alena et à Théo/répondu aux e-mails d'Alena et de Théo.
– Jean-Luc est allé chez le médecin, il n'a pas fait de/son jogging, il est allé chez le coiffeur, il est allé au stade de France pour voir un match de foot/il est allé à un match de foot au stade de France, il a préparé le dîner.
– Anne-Laure et Jamal ont fait les courses, ils sont allés à la mairie mais (ils ne sont) pas (allés) à la piscine, ils ont acheté de l'essence/ont mis de l'essence dans la voiture/ont fait le plein/sont allés à la station-service et ils ont dîné chez Patrick et Fanchon.
– J'ai fait le ménage, je suis allé(e) chez le dentiste, je n'ai pas joué au bridge, je n'ai pas fait de promenade, j'ai téléphoné à mes parents et j'ai mangé/je suis allé(e) au restaurant italien avec Luciano.
– Nous avons fait les courses, nous sommes allés à la mairie mais (nous ne sommes) pas (allés) à la piscine, nous avons acheté de l'essence/avons mis de l'essence dans la voiture/avons fait le plein/sommes allés à la station-service et nous avons dîné chez Patrick et Fanchon.

12 *Passé*: 1, 2, 4, 6, 10. *Présent*: 5, 9. *Futur*: 3, 7, 8.

13 1 h, 2 d, 3 g, 4 i, 5 j, 6 l, 7 c, 8 k, 9 a, 10 f, 11 e, 12 b.

EXTENSION   a 1 J'ai reçu, 2 Il a plu, 3 On a bu, 4 Les enfants ont mis, 5 Ils ont vu, 6 Le magasin a ouvert,

7 Il n'a pas souffert, 8 Vous n'avez pas pris, 9 J'ai lu. **b** 10 Nous sommes restés. 11 Elle est arrivée. 12 Vous êtes sortis. 13 Ils sont venus. 14 Je me suis levé. 15 Elle s'est couchée. 16 Le train est parti.

FAQ 10 (*Suggested answer*) Qu'avez-vous/Qu'as-tu/Qu'est-ce que vous avez/tu as pris au petit déjeuner ce matin? 11 (*Suggested answer*) Avez-vous/As-tu utilisé votre/ton ordinateur aujourd'hui? 12 Marion Cotillard. 13 Jules Verne. 14 Saint-Saëns. 15 Claude Monet.

Unité 20

1 1 d, 2 i, 3 j, 4 b, 5 c, 6 a, 7 e, 8 f, 9 h, 10 g.

2 1 le dos, 2 la taille, 3 les hanches, 4 une jambe, 5 un genou, 6 un pied.

3 1 Levez-vous, 2 Mettez, 3 Tendez, 4 Penchez-vous, 5 Touchez, 6 Tournez, 7 Regardez, 8 Couchez-vous, 9 Fermez, 10 Respirez.

4 1 Lève-toi, 2 Mets, 3 Tends, 4 Penche-toi, 5 Touche tes pieds, 6 Tourne, 7 Regarde, 8 Couche-toi, 9 Ferme, 10 Respire.

5 1 Ne te lève pas, 2 Lave-toi, 3 Prends, 4 N'oubliez pas, 5 Soyez, 6 Prenez, 7 Respirez, 8 Reposez-vous, 9 Couchez-vous.

6 1 Fais tes devoirs, 2 Passe l'aspirateur, 3 Fais la vaisselle, 4 Ne pleure pas, 5 Lave-toi, 6 Ne te maquille pas.

7 1 Allez à l'école, 2 Levez la jambe (droite), 3 Ne dormez pas/Ne vous endormez pas, 4 Ne faites pas de bruit, 5 Tournez la tête/Asseyez-vous (en tailleur), 6 Détendez-vous/Relaxez-vous.

8 Elle a mal . . . 1 à la main droite, 2 au ventre, 3 aux genoux, 4 aux bras, 5 à la jambe gauche, 6 aux pieds, 7 à la tête, 8 aux oreilles, 9 au cou, 10 au dos, 11 à la cheville.

9 *Le docteur*: 1, 2, 5, 6, 7, 9. *Le/la malade*: 3, 4, 8, 10, 11, 12.

10 1 c, 2 e, 3 d, 4 f, 5 g, 6 b, 7 a.

11 *Conversation 1*: 5, 2, 7, 4. *Conversation 2*: 8, 1, 3, 6.

12 1 comprimé, 2 suppositoire, 3 rendez-vous, 4 ordonnance, 5 médicament.

13 1 un rhume, un coup de soleil, un papillon, une guêpe, 2 leur température, l'avion, les pillules, la deuxième à gauche, 3 de l'huile solaire, une robe élégante, du rouge à lèvres, une chemise, 4 des rêves horribles, le ménage, les courses, une allergie, 5 un e-mail, ton nom, une carte, une ordonnance.

EXTENSION   1 c, 2 b, 3 c, 4 a.

FAQ   9 Où est-ce que vous avez/Où avez-vous mal/Vous avez mal où? 10 Vous ne faites pas d'ordonnance/Vous allez me faire une ordonnance? 11 Est-ce que vous/Vous avez/Avez-vous quelque chose contre/pour le mal de mer? 12 Est-ce que vous/Vous avez/Avez-vous de la fièvre/de la température? 13 Est-ce que vous/Vous buvez/Buvez-vous beaucoup (de vin/d'alcool)?

Unité 21

1   1 grand, 2 mince, 3 bleus, 4 bruns, 5 brune, 6 rondes, 7 petites, 8 noisette, 9 blonds, 10 longs, 11 courts, 12 moyenne, 13 gris, 14 noirs, 15 petite, 16 longue.

2   1 Une histoire intéressante, 2 Des devoirs difficiles, 3 Des vêtements modernes, 4 Une bonne idée, 5 Un gros problème, 6 Une voiture neuve, 7 Le dernier étage, 8 L'ancien maire.

3   1 vieille, 2 sportive, 3 fraîche, 4 paresseuse, 5 bonne, 6 mauvaise, 7 neuves, 8 nouvelle.

4   1 jeune, 2 yeux, 3 cheveux, 4 barbe, 5 moustache, 6 mince, 7 jolie, 8 chapeau, 9 robe, 10 brune, 11 noirs/raides, 12 raides/noirs.

5   1 A, 2 S, 3 S, 4 A/S, 5 S, 6 A/S, 7 A, 8 A/S.

6   *On peut*: 1 traverser, 2 vérifier la pression des pneus, 3 prendre de l'essence/du gazole/faire le plein, manger, demander des renseignements, 7 s'arrêter/se garer/se reposer, téléphoner, pique-niquer, 9 louer une voiture.
On ne peut pas: 4 tourner à droite, 5 avoir/promener son chien, 6 faire de la planche à voile, 8 fumer, 10 faire de feu/de barbecues, faire de camping/camper.

7   *Christophe* doit préparer le petit déjeuner, faire les courses, promener le chien, éplucher les légumes, laver la voiture et ranger le garage. Il ne doit pas se lever tard et ne doit pas boire de bière devant la télé. *Martine* doit passer l'aspirateur et nettoyer la salle de bains. Elle ne doit pas se maquiller. *Pierre* doit donner à manger aux cochons d'Inde, nettoyer leur cage et ranger le séjour. Il ne doit pas jouer avec ses jeux vidéo. *Martine et Pierre* doivent faire la vaisselle, faire leur lit et manger à table. Ils ne doivent pas se disputer. Ils ne doivent pas manger de bonbons, de chocolat ni de chips.

8   Moi, je dois passer l'aspirateur et nettoyer la salle de bains. Je ne dois pas me maquiller. Pierre et moi, nous devons faire la vaisselle et faire notre lit. Nous ne devons pas nous disputer et nous ne devons pas manger de bonbons, de chocolat ni de chips.

9   1, 9, 4, 2, 5, 8, 6, 7, 3, or 1, 9, 4, 7, 3, 2, 5, 8, 6.

10   Vous savez: 2, 4, 7, 8. Vous connaissez: 1, 3, 5, 6.

11   1 savez, 2 sais, 3 connais, 4 connaissez, 5 connais, 6 connaissent, 7 savent.

12   1 c, 2 d, 3 g, 4 h, 5 f, 6 i, 7 j, 8 e, 9 a, 10 b.

13   1 C, 2 M, 3 C, 4 C, 5 M, 6 C, 7 M, 8 M, 9 M, 10 C, 11 M, 12 C.

FAQ   7 Est-ce que je peux avoir/Pouvez-vous me donner un plan de la ville? 8 Est-ce que je peux visiter le château? 9 (Est-ce que) vous connaissez/tu connais / Connaissez-vous/Connais-tu la Belgique? 10 Où veulent-ils/Où est-ce qu'ils veulent aller cette année? 11 Le bureau oval, 12 près de Paris, 13 des bonbons (à la menthe), 14 Montélimar, 15 le Roi-Soleil.